JN222073

不登校「見守る」だけで大丈夫？

家庭でできる 10秒・30秒・3分 カウンセリング

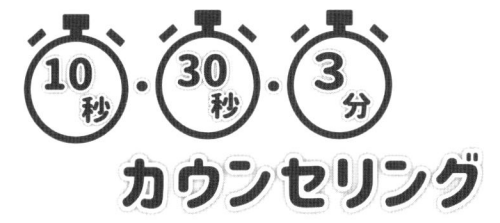

半田一郎 著

ほんの森出版

はじめに ● ● ● ● ●

　この本を手に取り、「はじめに」を読んでくださっていることに、まずは感謝を申し上げます。

　最初に、本のタイトルについて説明させてください。

　この本のタイトルを『不登校　「見守る」だけで大丈夫？』としました。これは、不登校の子どもたちにかかわる多くの大人が感じている疑問だと思います。ほとんどの大人は「見守る」ことの大切さを理解すると同時に、「それだけで大丈夫だろうか？」という疑問ももっているのではないでしょうか。

　その疑問に対する私なりの答えが、サブタイトルの『家庭でできる10秒・30秒・3分カウンセリング』です。「見守る」ことを基本にしつつ、そこにカウンセリングに基づいた「小さな工夫」を加えたかかわりや働きかけを行っていくことをおすすめしたいのです。

　また、この本は冒頭から読み始めるよりも、ページをパラパラとめくって目についた箇所や気になった箇所から読み始めることをおすすめします。そこに書かれていることをヒントにして、「小さな工夫」を試してみてください。そして、子どもに「どんな反応が生じているか」を観察してみてください。

　きっと「小さな変化」が生じていることと思います。その小さな変化は、さらに次の変化につながります。そして、大人も子どもも少し楽に、少し自由になっていく……。そんな読者の皆さんの姿を、期待を込めて想像しています。

2025年3月　　　　　　　　　　　　　　　　　半田一郎

不登校 「見守る」だけで大丈夫?

家庭でできる (10秒)・(30秒)・(3分) カウンセリング　も・く・じ

本文イラスト：岡本愛子

わが子へのかかわり
7つのポイント

わが子が学校に行きづらい状況のときは、毎日のかかわりで本当にさまざまなことが起こります。そのたびに、親としてどうしたらよいか、迷ったり悩んだりしながらサポートしていることと思います。

　1つ1つの具体的な場面でどうかかわるかについては、具体的な声かけ方法などを考えることが大切です。それらは、**Part 2「場面別　10秒・30秒・3分カウンセリング」で、〈10秒でできるかかわり〉〈30秒でできるかかわり〉〈3分でできるかかわり〉**として具体的に提案をしています。ここでは、その背景となっている基本的なポイントを7つ、ご紹介します。

ポイント1 • • •

子どもの「感情」を言葉で温かく表現し、受け止める

　学校に行きづらい子どもたちは、ほぼ例外なくマイナスの感情を抱えていて、それに苦しめられています。

　マイナスの感情とは、不安、恐怖、イライラ、怒り、孤独などさまざまなものがあります。大人、特に親は、子どもをそういったマイナスの感情から守ってあげたいという思いが強いものです。そのため「○○したほうがいいよ」「○○しなさい」

など、現実的な解決策を提案することも多いと思います。

　しかし、大人からそのような提案を受けることは、子どもにとっては「自分の思いを否定された」「大人はわかってくれない」という気持ちにつながりがちです。子どものことを思って提案していることが逆効果となってしまい、子どもとの関係悪化につながってしまうのです。それは、大人にとっても子どもにとっても、悲しい状況です。

　そこで、**子どもと話をする際には、現実的な解決策を提案するのではなく、子どもの感情を温かく受け止めるようにかかわることをおすすめします。子どもが感情を言葉で言っていない場合でも、感情を想像してそれを言語化して温かく伝えてみる**のです。

　例えば、子どもが「学校なんか行っても意味がない」と言った場合には、「なんか腹が立つよね」などと感情を言語化して伝えてみます。子どもが発している「学校なんか行っても意味がない」という言葉は、自分の思考であって感情ではありません。子どもが自分の感情を言語化できていないなと感じたら、大人が子どもの感情を想像して言葉にしていくのです。

　メンタルヘルスの第一歩は「自分の感情に気づくこと」です。そして、その感情を否定したり無視したり、無くそうとしたりしないで、受け入れつつ上手に付き合っていくことが重要なのです。実はこの姿勢がマインドフルネス（過去や未来のことに心を奪われずに、"今この瞬間"に意識が集中している状態）の基本となります。大人によって自分の感情が言語化されるこ

とで、子どもは自分の感情に気づくことになります。そして、温かく受け止めてもらうことは、子どもが自分の感情と上手に付き合うことにつながっていくのです。

　まず、**子どもの感情を温かく言葉で表現して受け止める**ことをおすすめします。

ポイント2 ● ● ●
小さく待つ

　一般に子育てでは「待つことが大切」と言われています。大人はついつい先回りしたり、手を出したりしがちですが、**待つことで「子どもの自分からの動き」が引き出される**と考えられます。

　学校に行きづらい子どもたちの場合も同様です。「○○すれば学校に行きやすい」「○○したほうがよい」などと、子どもの動きを先回りして大人が考えてしまいがちです。それはある程度無理もないことですが、考えるだけではなく、それを求めて子どもに働きかけてしまうと、なかなか良い変化につながりません。働きかければ働きかけるほど、子どもが動けなくなったり、大人との関係が悪化したりして、悪循環に陥ってしまうからです。

　学校に行きづらい子の保護者は、待つことの重要性を知っている場合も多いと思います。「待たなければならない」と自分

に言い聞かせ、口を出すことを我慢していたりします。しかし、我慢というものは長く続かないもので、ついつい口を出してしまうことがあるのではないでしょうか。その上、子どもは待っていてもなかなか動きださないことも極めて多いと思われます。**保護者としては、「いつまで待てばいいのだろうか?」「見守るだけで大丈夫?」といった不安や焦りを感じてしまうことも自然**です。

そこで、「小さく待つ」という姿勢で子どもにかかわることをおすすめします。**小さく待つとは「小さな働きかけをして短い期間を明示して待つ」**ということです。

何も働きかけずに、ずっと待っているというのは、いわば「大きく待つ」状態です。大きく待つことは、待っている側も待たれている側も、負担が大きいと思います。小さく待つのは、どちらの側にも負担が少なく、しかも子どもから動くことを促すことができると考えられます。

例えば、「朝ご飯を一緒に食べるのはどう? 朝、7時半まで待っているから、それまでにテーブルに来たら一緒に食べよう」と働きかけてみるのです。7時半までは待っていることが、子どもも保護者もわかります。7時半を過ぎたら、もう待っていないので、お互いに負担がありません。ほかにも、「進路希望に書く内容について相談したいから、○日(1週間程度先)までに、何か考えとかあったら教えてね」などと働きかけてみます。「進路のこと」ではなく「進路希望に書く内容」と限定して、待っている内容を小さくしていますし、期間を区切るこ

とが、小さく待つことにつながっていきます。

　こんなふうに、**小さなことについて、わかりやすく働きかけ、短い期間（時間）待つ**という形でかかわってみることをおすすめします。

ポイント3・　・　・

活動のバリエーションを広げる

　学校に行きづらい子どもたちは、どうしても家の中で過ごす時間が多くなります。自分の部屋からほとんど出てこないで、スマホばかり見ているようなこともあるかもしれません。やっていることや、できていることのバリエーションが少なくなってしまいがちです。

　何か新しいことや、今までとは違った活動に参加できたら、それは素晴らしいことで、親としては「○○できていないから、せめて□□にでも行ったらどうか」などと考えるのは自然なことです。しかし、新しいことや、これまでとは違ったことに取り組むのは、誰にとっても難しいものです。学校に行きづらい子にとっては、外へ出ることや人に会うことに負担を感じがちですので、さらにハードルが高いのです。そのため、親がいろいろと働きかけても、嫌がられるだけに終わってしまう可能性があります。

　そこで、**新しいことや、これまでとは違ったことを促すので**

はなく、「今やっていることが、ほんの少しだけ広がるように促す」のです。

　例えば、ほとんどの子どもは親のつくった料理を食べていると思います。それを少し広げて、**味見をさせる**のは良い方法です。また、スマホを長時間使っている子に、スマホをやめさせるのではなく、**親が気になっていることをスマホで調べてもらう**のも良い方法です。ちょっとでも、活動のバリエーションを広げてもらうのです。

　最近やめてしまっている、以前やっていたことをまたやるように促すのも良い方法です。以前、子どもが好きだった遊びについて、急に思い出したようにして、こちらから話を振ってみるのです。細かいことは忘れてしまったフリをしながら、「低学年のときに好きだった〇〇って、どういう名前だったかな？」などと質問してみます。具体的で細かい内容を聞いてみることがおすすめです。子ども自身が詳しく思い出すことになるからです。生き生きと思い出すことができれば、そのときの楽しかった感情や、好きだった気持ちもよみがえってきます。そうすると、またそのことに取り組んでみようという気持ちが出てくるかもしれません。

　活動のバリエーションが広がることは、心の動きが広がることにつながります。また、新しい人や物事に出会う可能性もあります。子どもが乗ってきやすいように、ほんのちょっと活動のバリエーションが広がるよう働きかけを工夫してみることをおすすめします。

リラックスできる機会をつくる

　家庭では、子どもは何もしないでダラダラしていたり、スマホやゲームなどの自分のやりたいことに熱中していたりすることも多いと思います。そのため、**のんびり過ごせているように見えるかもしれませんが、様子をよく見ていると、リラックスできているわけではないと気づくことが多いでしょう。**

　例えば、ちょっとしたことで不機嫌になることがあるのではないでしょうか。夜もなかなか眠れない場合も多いかもしれません。本当にリラックスして過ごしていたら、ちょっとしたことでは不快な感情は湧いてきませんし、夜の寝つきもよいはずです。また、夏休みなど長期休み期間は、いつもよりも笑顔が増えるなど気持ちが安定している様子が見られることがよくあります。

　このようなことから、表面上はのんびりしているように見えても、心の中ではいろいろと考えて不安になっていると見たほうが、子どもの状態に合っていると言えます。リラックスして過ごすことは、心の安定や回復につながります。リラックスする機会を、どのように増やしていったらいいでしょうか。

　子どもに「のんびり過ごすように」と言ったり、「リラックスするように」と言ったりしても、なかなかリラックスして過

ごせるようにはなりません。そこで、**体から働きかけて、心も　リラックスできるように促す**ことが1つの方法です。

　例えば、**子どもにマッサージをしてあげる**ことは良い方法です。体の中心から離れている頭や手足をマッサージすることは、思春期以降の子どもでも抵抗があまりないようです。短い時間でOKなので、ときどきマッサージしてあげるといいと思います。**一緒にストレッチをする**こともおすすめです。お互いにストレッチを手伝うペアストレッチができると、さらによいです。

　また、**マインドフルネスを生活に取り入れる**ことは、リラックスにつながるだけではなく、さまざまな点から意味のあることだと思います（子ども向けのマインドフルネスの本がいろいろ出ていますので、参考にしてください）。思春期以降の子どもでは難しいかもしれませんが、大人も取り組めるさまざまな方法があります。日常の中に、マインドフルネスの時間を少しずつ取り入れることはおすすめです。例えば、歯磨きや着替えの時間もマインドフルネスの時間にすることができます（太田千瑞『ちず先生と動画で一緒にマインドフルネス！』ほんの森出版）。

ポイント5 ・ ・ ・

「否定プラス否定」ではなく、 「肯定プラス肯定」でかかわる

　学校に行きづらい子どもたちは、行動が広がりにくく、自発

的な動きも少なくなりがちです。そのため、大人は少しでも動きが出るようにと願って、強い働きかけをしがちです。

　例えば、学校に行きづらいだけでなく、勉強にもなかなか取り組まなくなることが多いと思います。そういった場合に、親としては「勉強しないと、高校に行けないよ」などと働きかけることがあると思います。このままだと高校進学も難しくなりそうだと不安を感じて、「登校は難しくても、せめて勉強だけでも取り組んでほしい」という気持ちが湧いてくるのです。そういった気持ちが生じることは自然なことですが、「勉強しないと、高校に行けないよ」といった働きかけは、逆効果になりがちです。子どもは「どうせ高校に行けない」などと悲観的になってしまうリスクもあります。

　「勉強しないと、高校に行けないよ」という言い方は、「否定プラス否定」という言い方になっています。この**「否定プラス否定」という言い方は、変化を促そうとして使われることが多いのですが、求められていることや望ましい方向性が具体的ではないため、行動につながりにくいのです。具体的な行動と具体的な方向性を、「肯定プラス肯定」の言い方でシンプルに伝えるほうが、行動につながります。**

　具体的には、「勉強すると、高校合格が近づいてくるね」などと伝えます。その他のことも、「早く寝ないと、健康に良くないよ」ではなく、「早く寝ると、健康に良いね」などと伝えることができます。

　最初から「肯定プラス肯定」で働きかけられるといいのです

が、「否定プラス否定」の言い方をしてしまったあとでも、「肯定プラス肯定」で言い直して伝えればいいのです。

ポイント6 ● ● ●

「～しない」という状態に、肯定的な言葉をかける

学校に行きづらい子どもたちは、さまざまな場面で「～しない」という状態になりがちです。「学校へ行かない」だけではなく、「外出しない」「人に会わない」「朝起きない」などの状態になることが多いと思います。

こういった状態は、大人から見ると望ましくない状態かもしれません。しかし、実際のところは、自分の中に生じているさまざまな考えや感情が湧いてきているために動けなくなっていると考えられます。いわば、**自分の中の考えや感情と戦っている状態**です。

そこで、**子どもが「～しない」という状態になっているときには、それに対して肯定的な言葉をかける**ことをおすすめします。

例えば、学校へ行こうとして動けなくなっている場合は、「学校に行こうと思うだけで、苦しくなっちゃうよね」と、感情を温かく言語化しつつ声をかけることも 1

つの方法です。

　また、重要な事柄について聞いたのに黙っている場合には、「いろいろ考えてくれてるのが伝わってくるよ。重要なことだから、こんなふうにいろいろ考えるのは大切だよね」などと、肯定的に返すのも一案です。朝、目が覚めているのに起きない場合には、「戦っているね」と声をかけることもできます。

　つらい状態で戦っているわけですから、子どものそばにいて、肯定的にかかわることが何よりも大切なのです。

ポイント7 ● ● ●

学校へ「行く・行かない」はスルーする

　学校に行きづらい子とかかわっていると、学校に「行く・行かない」を、常に考え続けてしまうことが多くなると思います。夜、子どもが寝るのが遅くなると、明日の朝はなかなか起きられないかもと想像し、「また学校に行けないかもしれない」と考えてしまいます。**生活の中の1つ1つのことが、学校へ「行く・行かない」につながってしまうのです。**

　子どもに何か働きかけるときも、学校に「行く・行かない」という視点からのかかわりが多くなります。例えば、学校を休んだ日に「明日は学校へ行けそう？」と聞いたり、朝学校に行きしぶったりしているときに「学校に行くの？　行かないの？」と問いただすようなことが非常によくあります。子ども

も自然と、学校に「行く・行かない」ばかりを考えるようになりがちです。

こんなふうに、学校に「行く・行かない」を考えだすと、大人も子どもも考えの幅が狭くなり、つらい気持ちが強くなってしまいます。

そこで、**学校に「行く・行かない」はスルー**して、考えを広くすることが大切です。そして、**学校について幅広く話す姿勢をもつ**ことができれば、それは非常に良いことです。

例えば、「行く・行かない」ではなく、学校の楽しいことについて話をします。親自身が子どものころの学校の話をすることも良いと思います。学校で飼っている生き物の話や、学校の先生について楽しく話ができると素晴らしいと思います。

つまり、**シンプルに学校のことを話す**のです。学校のことについて、親子で話して自然に楽しくなるようなことが起きたら、学校との心理的な距離が近くなっていきます。なお、**学校の話すべてに拒否感があるようでしたら、学校に「行く・行かない」はスルーする**、ということに留めます。

おまけのポイント ● ● ●

親自身が自分を責めず、自分を認める

かかわりのポイントを７つあげましたが、本当はこの７つよりも大切なことがあります。それは、**親自身が自分を責めず、**

自分を認めることです。

　子どもが学校に行きづらい状況になったとき、親もショックを感じます。過去の子育てを振り返ってつらくなったり、この先のことを考えて不安になったり、気持ちの面でいろいろな負担が生じることが多いと思います。

　また、気持ちの面だけではなく、朝学校に送り出すまでのかかわりや、場合によっては送り迎え、お昼ご飯の準備など、さまざまな現実的負担も生じます。学校以外の支援機関を利用する場合も、さまざまな負担を抱えながら、日々の生活や活動を回していかなければなりません。

　こういったことを毎日のようにこなすことは、親にとっても非常に大変なことです。上手くいかないことがあるのも自然です。気持ちが落ち込んだり、感情的になってしまったりすることもあります。自分自身を責めてしまうことがあっても、それも無理もないことだと思います。

　親として頑張っているから、何とか乗り切ってここまで持ちこたえてきているのです。ご自身を責める必要はありません。**親自身が、自分を責めずに、何とか頑張っている自分、何とか持ちこたえている自分を認めることが、どのことよりも大切なこと**だと思います。それは、「自分を認めなければならない」という「ねばならない」という形ではなく、「いつの間にか、自分を認めている」という形でもたらされるといいと思います。

　この本が、子どもへのかかわりの変化とともに、ご自身のとらえ方への変化のきっかけになることを願っています。

場面別
10秒・30秒・3分
カウンセリング

朝、子どもが学校に
行けそうにない状況
でのかかわり

本書は、「『見守る』だけで大丈夫？」という親の不安に応え、学校へ行く・行かないではなく、親子のつらさが少しでも小さくなり、「小さな良い変化」が生じるような工夫やアイディアをお伝えしていくものです。

「Part 2　場面別　10秒・30秒・3分カウンセリング」では、家庭で生じがちな具体的な場面を想定し、【10秒】【30秒】【3分】を目安に、短い時間でできる工夫やアイディアを考えていきます。ご自身の状況に近い場面からお読みいただけるといいと思います。

まずは、朝、子どもがスムーズに学校に行かないので、困っている母親からの話で考えてみましょう。

《小学校6年生男子A君の母親の話》

　学校へ行きづらい日が続いているんです。前の日は自分で準備をして「明日は行くから」などと言いますし、朝は、いちおう自分から起きてきて、朝食は普通に食べます。でも、その先がなかなか進まないんです。朝食のあとはテーブルから全然動かないので、「歯みがきしなさい」などと、いちいち声をかけています。何とか準備をさせて、送り出すことがほとんどです。時間がかかるので遅くなってしまって、車で送っていくこともよくあります。

　言わないと動かないのですが、言いすぎると固まってしまって、学校を休んだこともあります。毎日、ヒヤヒヤしながら様子を見て声をかけていて、それがすごく疲れます。放っておいたほうがいいんじゃないかとも思うんですが、完全に行かなくなるのではないかと心配です。本当にどうしたらいいか困っています。

　あくまでも「例えば」ということですが、こういった場面で、どんなかかわりができるかということを考えていきます。

　毎朝毎朝、いろいろと考えて声をかけるなどして、何とか学校へ行かせているというのも、この母親にとっては本当に大きなストレスになっていると思います。良い工夫を考えないと、A君も母親も、2人ともつらい状況が続いてしまいます。**2人の間で良い相互作用が起きるような、かかわり方の工夫が必要だ**

と思います。

子どもの感情を言葉で表現して伝え、反応を観察する

　まず、10秒でできるかかわりとしてやってみていただきたいのは、Ａ君の**感情を言葉で表現して伝える**ことです。朝学校に行こうとする状況で、不安などの不快な感情が大きく生じていて、それに苦しんでいるのではないかと思います。Ａ君は具体的な感情を言葉にしていないので、様子から想像して伝えてみます。例えば、「学校ってつらいよね」などと穏やかに言葉にしてみるのです。

　それで、Ａ君が**どんな反応（言葉、表情）をするのか観察**してみると、Ａ君の気持ちや考えが少しわかるかもしれません。

また、何か行動に変化が出てくるかもしれません。そういったA君の**反応をもとに**A君を**理解して、次のかかわりを考えてい**くことが大切だと思います。

　ところで、学校に行きづらい状況になると、ほとんどの人は登校の準備をさせるなど行動を促そうとします。A君の場合も、母親は一生懸命に行動に働きかけています。それで、うまくいけばもちろんOKなのですが、うまくいっていないのであれば別の方向から働きかけてみることが1つです。だから、行動ではなく、感情に働きかけてみるのです。そこで、上記のように「学校ってつらいよね」などと感情を言葉にして伝えてみることが1つのアイディアです。

　また、A君もつらいと思いますが、母親もいろいろと迷うことが多くてかなりつらいことと思います。母親が毎日毎日A君にかかわり続けていることは、本当にすごいことです。つらくなったり、苦しくなったり、そうした不快な感情が湧いてくることは、自然なことだと思います。

　感情は自然に生じてくるものですので、自分で気づいて自分で受け止めることが大切です。**大人でも、「今日は仕事がつらいなぁ」と言いながら仕事に行くようなことがあると思います。**「つらいなぁ」と自分で気づいて自分で言葉に出して、自分で受け止めているから、仕事へ行くという行動が出てくるとも言えるのです。感情に気づいて言葉にするというのは本当に大切なことなのです。

　A君の場合は、感情を自分で言葉にしていないと思われま

す。だからこそ、母親が穏やかに言葉にして伝えてみることが大切なのです。もしかしたら、Ａ君はつらいというよりも、不安なのかもしれません。そんなふうに、伝えた感情が違っていても、それはそれで意味があると考えられます。「学校ってつらいよね」などと言われることで、不安という自分の感情にはっきりと気づいたり、自分から「つらくなくて、不安なんだよ」と言ってくれるかもしれません。**正解かどうかよりも、感情に目を向けることが大切**なのです。

　もし、「つらいね」などと感情に働きかけただけで行動が出てきたとしたら、自分から動けている面が大きいと言えるので、非常に良い展開です。また、Ａ君から「つらいんだよね」とか「実は……で、こわいんだ」などと自分の感情が言葉で返ってくる場合も、非常に良い反応です。**小さくうなずくなどの反応も良い流れ**だと思います。ほんの少しだけでも自分から感情が表現できたのですから、それは意味があることだと言えます。

30秒でできるかかわり ● ● ●

子どもが自分から要望を出すきっかけをつくる

　30秒でできることとしては、「何か手伝えることある？」とか「できることがあったら言って」などと、親のほうから働きかけてみることです。もし、「○○して」などと返事があったら、それを手伝ってあげることも良い流れです。

　この方法は、**子どもが自分から要望を出すきっかけをつくる**ということです。大人主導で動かそうとするのは難しい面が大きいと思います。

　そもそも大人が一生懸命子どもを動かして学校へ行かせるというのは、本質的な解決になっていません。子どもが自分から動くようになるということが大切です。

　「自分から」という部分がきわめて重要で、「自分から要望を出す」ということも良い変化です。もし、子どもが自分から要望を出してくれれば、大人もサポートしやすくなります。そのきっかけをつくるという意味があります。

　ただ、「何か手伝えることある？」と聞いても、反応がない可能性もあります。そういう場合は、**「あとで思いついたら教えて」**などと声をかけたらいいと思います。その日の夕方でも、後日でもいいので、改めて「あとで教えてって聞いたけど、どう？」と確認してみることができます。もしかしたら、子ども

から意見や要望が出てくるかもしれません。

　こういったかかわりを通して、大人主導ではなく、**子どもが自分から動けば（声を出せば）大人が応えるという姿勢を保ち続けます**。子ども主導で大人がそれに応えるという関係性になると、大人も子どももやりやすいと思います。

3分でできるかかわり ● ● ●

子どもが自分から行動するきっかけをつくる

　3分でできることとしては、「○時○分までに準備ＯＫになったら、玄関でクツを履いて待ってて。お母さんが車で送っていくから」というふうに投げかけてみるのがおすすめです。**投げかけたあとは、声かけをせず、約束の時間まで子どもの動きを待ちます**。時間より数分間余計に待ってもいいと思います。そして、子どもが動き出したらそれに応えるのです。

　これも、自分から動き出すきっかけをつくるという働きかけです。こんなふうに働きかけると、**朝の登校までの時間に、親子の間で生じている悪循環が小さくなる**かもしれません。

　Ａ君の場合は、前日は学校へ行くようなことを言っています。実際に学校へ行っているので、学校に行きたい気持ちや行かなければならないという思いもあると考えられます。朝の登校をめぐる悪循環が小さくなり、子ども本人主導の動きが出てくると、朝の流れがスムーズになるかもしれません。

ところで、子どもが学校へ行きづらくなっている状況のときには、「明日は学校へ行くって言ってたでしょ」などと、言葉で表現されたことを手がかりにかかわっていくことが多いと思います。また、「明日は、学校へ行こうね。約束だよ」などと約束して登校を促すこともあるかもしれません。これも、言葉を通してかかわっています。それで良い変化が生じている場合はまったくそれでＯＫですが、そうでない場合には、かかわりが悪循環になりがちです。

　こういったことから、言葉ではなく行動を手がかりにかかわっていくことも１つの工夫だと考えられます。子どもが自分で準備を終わらせて、○時○分に玄関でクツを履くという行動が出てきたら、それをきっかけにしてサポートしてあげるのです。子どもから出ている行動に応えるという流れになりますので、悪循環にならずにスムーズにいく可能性が高いと言えます。

ポイント ・ ・ ・

　朝、登校をめぐって悪循環が生じがちです。その場合、背景にある子どもの感情へ目を向けるように言語化することや、子どもから要望や行動が出てくるきっかけを工夫することが１つの方法です。

　日々のかかわりの中で、悪循環を避けることは、親子関係の安定につながり、子どもからの行動を促すことにつながっていきます。

朝の子どもの
起こし方

　場面1では、「朝、登校するかしないか」という状況でのかかわり方について提案しました。しかし、「そもそも子どもを朝起こすところからスムーズにいかない」ということで、困っているご家庭も多いと思います。

　朝の起こし方についての小さな工夫を考えていきます。

《中学校1年生女子Bさんの母親の話》

　うちの子は、欠席と遅刻が半々くらいで、間に合う日はほとんどありません。そのため、毎日毎日、私が一生懸命に声かけをして起こしていますが、本当に大変ですごく困っています。

　目覚まし時計はBがセットして寝ますが、それでは起きません。私がBのベッドまで行って、目覚ましを止めて、

「早くしないと学校に遅れるよ」などと声をかけます。2階のBの部屋と1階を行ったり来たりしながら、何度も声をかけます。

　私もウンザリして、つい怒り口調になってしまいます。そのうち起きてくることもありますが、たいていは「うるさい!」「だまって!」などと反発してきます。

　朝から険悪な雰囲気になってしまってベッドから出てこないことが多いのですが、自分で起きてきてなんとか遅刻して登校することもあります。そのまま起きてこないときは、欠席してしまいます。このままで大丈夫か本当に心配です。

　朝の時間はどの家庭でも本当に忙しくて、バタバタすることが多いと思います。そんな中で、子どもを起こすことは、父親や母親にとって本当に大変な負担になっていると感じます。

　朝なかなか起きられず、学校に行きづらい子をサポートするようなかかわりを考えていきたいと思います。

10秒でできるかかわり • • •

カーテンを開ける

　朝スムーズに起きるために一番重要なことは、太陽の光の刺激だといわれています。太陽の光の刺激によって、1日の体内

時計のスイッチが入るということです。脳が目覚めるには、日光の刺激が非常に効果的なのです。

そこで、10秒でできることとして、**起きる時間になったら、できるだけ早く朝日を部屋に取り入れる**ことをおすすめします。光があまり入らない部屋の場合は、せめて**電灯をつけるようにする**のがよいと思います。Bさんの母親はベッドのところまで行っていますので、部屋のカーテンを開けるのがよいと思います。

1回だけで起きられるようにはならないかもしれませんが、続けていくことでその時間に脳の覚醒のスイッチが入るようになることも期待できます。

30秒でできるかかわり ● ● ●

起床と登校を切り離して言葉かけをする

Bさんの母親は、「早くしないと学校に遅れるよ」と声をかけています。ほとんどの親は、「学校へ行く時間だよ」などと起床と登校をつなげて声かけをして子どもを起こそうとしているようです。

30秒でできることとしておすすめしたいのは、**起床と登校をつなげるのではなく、両者を切り離した声かけをする**ことです。例えば、人間は朝起きるものだという姿勢で**「朝だから起きなさい」「もう起きる時間だよ」**と声をかけて、学校のことは一切

言葉に出しません。もしくは、健康とつなげて**「健康のために早起きしなさい」**などと声かけをするのもよいと思います。

　親としては、とにかく学校に行くか行かないか、遅刻するかしないかが心配になるのだと思います。それは、親としてはもちろん当然の心配です。しかし、**登校とつなげて働きかけることは、かえって子どもを朝起きにくくさせる要因となっています。**

　起床と登校をつなげた声かけがあると、子どもは目が覚める瞬間から学校のことを意識させられることになります。学校に行きづらい気持ちを抱えている子どもは、余計に朝起きづらくなってしまいます。起床と登校がつながっていると、「学校に行きたくないから朝起きない」という状態になる危惧もあります。

　また、子どもが学校に行きづらい状況では、親は子どもが学校に行くか行かないかを常に考えてしまいます。例えば、登下校中のよその子どもを見かけると、学校への行きづらさを抱えたわが子のことを考えてしまうのです。実は子どもも同じです。テレビで学校関係のニュースが流れたときには、「自分も学校へ行かなければならない」などと考えてしまいがちです。ふと時計を見たときにも、「今学校では○時間目だ」などと学校のことを思い出してしまうことも多いようです。さまざまなことが頭の中で学校とつながっているのです。

　ところで、学校に行きづらい子どもたちは、学校へ行かないだけではなく、人とかかわれなくなったり、外出ができなくな

ったりすることがあります。さまざまなことが学校とつながっているため、「学校を休んでいるから○○できない」などと考えてしまい、子どもたちは行動の自由を奪われてしまっていることがあるのです。

親も、子どもに働きかけるときに、さまざまなことを学校とつなげてしまいます。例えば、「制服じゃなくてもいいから、パジャマから部屋着に着替えなさい」などと、着替えることを制服とつなげて働きかけたりすることがあります。制服を引き合いに出す必要はほとんどありません。また、「学校へ行くんだから歯みがきしなさい」などと声かけをすることもあります。本来、歯みがきは虫歯予防のためです。学校に行くために歯みがきをするわけではないのです。

いろいろな物事が学校とつながって子どもの行動の自由が奪われることを予防するためには、できるだけ学校とつなげないようにして働きかけをすることが大切だと考えられます。

朝の起こし方に戻れば、起床を学校と切り離すことができれば、学校へ行くかどうかとは関係なく、子どもが起床することにつながります。

Bさんの場合などは特に、自分で起きてきて学校へ行くこともあるわけですから、起床時に学校を意識させる必要はないとも言えます。学校とつなげて声かけをするのではなく、「朝は起きるものだ」「健康のためには早起きが一番」などと学校と切り離した声かけが効果的だと考えられます。

朝の起こし方を決めて子どもに伝える

　3分でできることとしては、**朝の起こし方を決めて、子どもに伝える**ことをおすすめします。

　Bさんの母親は、毎日あれこれ試行錯誤して起こしています。それが心理的負担になっていると思います。起こし方を決めて、それに沿って起こすことで、親子の心理的な負担が大きく減少します。

　例えば、こんなふうに起こし方を決めて、それを伝えます。**「○時○分にカーテンを開けて声をかける。○時○分に、もう一度声をかけながら体を揺すって起こしてみる。それで起きない場合は、お母さんはもう起こさないから自分で起きてくる」**という感じです。

　この方法のポイントは3つです。

①**毎日数分間でできる起こし方にする**

②**その起こし方で起きても起きなくても、罰もごほうびも与えない**

③**その起こし方で起きなかったときは、自分で起きるということを明確にする**

　もし、**子どもから起こし方の要望があれば、それを取り入れる**のもおすすめです。「こんなふうに起こすことに決めたから

ね。どう思う？」などと伝えて、子どもの反応を少し待ってみて、反応がなければそれで決まりです。

　なお、**決まった内容は紙に書いてスマホで撮影して、子どもと共有しておく**のがおすすめです。紙に書くことで重みが出ますし、書き換えることが難しいので、親子ともに決まったルールに立ち返ることができます。

　その後は、決まった起こし方を、決まったとおりに毎日実行します。もちろん、子どもが起きなかった場合には、そのままにします。**すぐに起きてきた場合も、後から起きてきた場合も、できれば、気持ちよく「おはよう」と声をかけたり、「おっ、自分で起きてきたね」などと肯定的な声かけをします。**

　起こし方を決めておくというこの方法の良い点は３つあります。１つは、**親の心理的な負担が減る**ということです。毎日悩みながらなんとか起こさなければといろいろ試行錯誤することは、親にとってはかなりの心理的な負担になっています。起こし方を決めると、決まったことを決まったとおりに実行するだけですから、迷ったり悩んだりすることがほとんどありません。また、子どもに確認をとっていますから、決めた起こし方で起きなかった場合には、起きることは親の責任ではなく子どもの責任であることが明確になっています。こういったことから、親の心理的な負担が小さくなると考えられます。毎日のことですから心理的負担が少ないというのは大切なことです。

　２つ目の良い点は、**子どもが自発的に起床するのを引き出す**ことができるということです。親が一生懸命になって起こして

いては、子どもは自発的に起床するようにはなりません。この方法は、親は子どもが自分から起きる状況をつくって、起きるきっかけを与えるだけです。子どもが（親の力を借りつつ）自分から起きてきたととらえることができます。さらに、起きてきたときに肯定的にかかわることによって、自分で起きることをより引き出すことができます。

3つ目の良い点は、**悪循環を避けることができる**ことです。親が無理やり起こそうとすると、親もイヤな気持ちになりますし、子どももイヤな気持ちになります。それが悪循環になって、どちらもさらにイヤな気持ちが増幅してしまいます。そのため、登校のハードルも高くなってしまいます。悪循環を避けることは、子どもがスムーズに行動することにつながります。

Bさんの場合も、決まった起こし方で起こされて、最後は自分の責任になるということから、今まで以上に自分からの行動が出てくるかもしれません。

> **ポイント** ● ● ●
>
> 登校させようと無理に起こすことは悪循環につながり、登校しづらい状態にもつながります。1日の良いスタートを切れることが、起こすことよりも大切だと考えられます。そのためには、カーテンを開けて日光を部屋に入れる、起床と登校を切り離して声をかける、起こし方を決めてそのとおり続けるという方法がおすすめです。

場面3

学校以外のことは話せても、学校のことには触れられない場合

場面１、場面２では、学校に行きづらい子が、朝の支度のときに、学校をめぐってつらい思いをしていることがはっきり現れている場合のかかわり方の工夫について紹介しました。場面３では、学校に行かず家で元気に過ごしてはいるけれど、学校のことに触れる会話を拒否している子に対して、家庭でできるかかわり方の工夫を紹介していきます。

《中学校２年生男子Ｃ君の父親の話》

　家では、普通に元気に過ごしているんですが、Ｃはもうずっと学校には行けていないんです。担任の先生の家庭訪問が月に１回くらいありますが、まったく会おうとしません。

　夕方は部屋でゲームをしていて、母親が声をかけてもま

ったく反応すらないときもあるようです。以前は、叱ることもありました。そうすると、Cはまったく話さずに部屋にこもってしまうので、こちらも叱らないようになりました。

　食事のときなどには、学校以外のことはいろいろと楽しく話せます。でも、少しでも学校のことに触れると、口を閉ざします。父親の私が「学校のことはどう思っているの?」などと穏やかに声をかけても、やはりCはまったく話しません。母親が聞こうとしても同じです。だから、最近では、もう全然学校のことには触れられなくなってしまいました。

　学校以外のことでは、ゲームの話や家族旅行の計画などには乗ってきて、いろいろと話ができます。以前よりも元気になってきたのは非常に良いのですが、これで大丈夫なのか本当に心配です。

　父親が言うように、全体に元気になってきているのは、非常に良いことです。それだけに、学校のことをまったく話せないのは、親として不安になるのは当然だと思います。

　話せないというだけではなく、C君自身が心の中でも学校のことに触れられないという状態かもしれません。家族の中でもC君の心の中でも、学校というテーマに触れられないことが繰り返し生じていて、ある種のパターンになっていると考えられます。

普通に声をかけたのでは、今までと同じパターンの繰り返しになりがちですし、強く働きかけるとかえって親とのかかわりを避けるようになってしまう可能性が高いと思います。かかわり方の工夫が必要です。

10秒でできるかかわり ● ● ●

学校の配付物を見えるところに置いておき、本人に伝える

　担任の先生の家庭訪問があるとのことですから、学校からの配付物があると思います。C君は、先生とは会っていないようですから、配付物は母親が受け取っていると考えられます。その配付物がC君の手に渡っているのか不明ですが、今の状況ではC君には配付物のことすら言っていないと思います。

　まずは、配付物を使って、学校のことに触れるようにすることをおすすめします。

　C君には「学校のプリント、○○に置いておくね」とごく短く伝えます。そして、**配付物は直接見えないようなフォルダや封筒に入れて、その場所に置きます。「読んでみたら」などと、促すようなことは何も言いません。**

　おそらく子どもからは、「はあ」などの気のない返事が返ってくるか、まったく無視されると思います。返事があってもなくても、こちらからは何も言わずに、配付物を言った場所に置きます。

このやりとりだけでも、学校のことに少しだけ触れることができています。配付物という間接的なものですが、そのことを話題にできています。

　大切なのは、その後何も起きないということです。学校というテーマに触れても、本人にとって大してイヤなことは何も起きないということが、学校のことに触れられることにつながっていきます。

　またこの後、子どもが自分から行動できる可能性があることにも意味があります。もしかしたら、封筒を手に取って上から少しだけ覗いて配付物を見てみるかもしれません。ほんの少しの行動でも、子どもが自分から動くことに大きな意味があります。

　不登校の問題は、学校へ行くようになれば解決というわけではありません。学校に行くにしても、行かないにしても、子どもが自分で選択できるようになることが大切です。「自分で」という側面がきわめて重要なのです。**自分から封筒を手に取る、自分で中を見てみるという行動が出たとしたら、それは非常に良い変化なのです。**

　その行動が確実に出てくるとは言えませんが、見るように言ってしまうと、「自分で」という側面が弱くなってしまいます。だからこそ、何も言わないで置いておくのです。つまり、**何も言わずに配付物を置いておくということには、「自分で」という行動が出てくるきっかけをつくるという意味があります。**

「学校のことを聞いていい？」と質問する

　また、「学校のことを聞いていい？」と明確に質問してみるのも、1つの工夫です。この方法もごく短い時間でやりとりできます。

　子どもが学校に行きづらい場合、学校のことを話そうとして、いきなり本質的なことを聞いてしまいがちです。例えば、楽しく話をしているときに、突然「そのうち学校に行くつもりはあるの？」などと気持ちや考えを聞こうとしてしまうことがあります。子どもにしてみれば、急に本質的なことを聞かれても答えられませんので、黙ったり「うるさいなぁ」と否定的な反応が出てきたりしがちです。そうすると、親も不安や不快が大きくなります。お互いに不快になって、余計に話しづらくなってしまいます。

　「学校のことを聞いていい？」という質問は、内容についての質問ではなく、話題にすることについての質問です。内容の質問まで一呼吸ありますので、子どもはちょっとした気持ちの準備もできます。そのため、言葉で反応しやすいと考えられます。つまり、OKもしやすく、拒否もしやすい質問なのです。

　拒否しやすいというのはきわめて大切なことです。拒否しにくい質問だと、子どもは黙り込んだり、さっと立ち上がって部

屋に戻ったり、行動での反応が出てきがちです。その先の良い変化につながりにくいと考えられます。

　拒否であっても、「ダメ」「えー、イヤだ」などと言葉で返ってくるのは、非常に良いことです。それに対して、「あ、そうか。じゃあ、やめとく」「わかった。聞かないようにするね」などと、**拒否を肯定し、（今は）聞かないということに同意することができるからです。同意ができるのは、誰にとっても安心の状況です。**その後、別の話題に切り替えて話すこともできると思います。

　また、言葉での拒否を受け入れることには、次につながる良い面があります。子どもが拒否しても大人が受け入れない場合は、子どもは早め早めに拒否するようになるでしょう。言いたくない領域や入ってほしくない領域にまで、大人が入り込んでくるかもしれないからです。でも、大人が拒否を受け入れると、子どもは早めに拒否する必要がなくなります。つまり、自然と子どもが許容する範囲が広くなるのです。だからこそ、**拒否する言葉が出てくることは良い面があるととらえて、拒否を受け入れることが大切**なのです。

　もちろん、「学校のことを聞いていい？」という質問に「まあ、いいけど」などと肯定的な反応が返ってくることも、良い反応です。学校のことについて聞いてみることができます。ただ、その場合も「今度の定期テストはどうするの？」などと、考えの内容を直接聞くことはおすすめしません。「どうするの？」というのは答えるのが難しい質問ですし、考えていない

場合や考えていても言いたくない場合には答えにくいからです。

　「今度の定期テストのこと考えてる？」と聞けば、「はい」か「いいえ」で答えられます。「はい」という場合には、**「例えば、どんなこと？」**などと聞くことをおすすめします。「例えば」という言葉が、「それ以外にもある」ということを暗示しているため、考えていることすべてを答えなくてよいことが伝わって答えやすくなります。**「考えていない」**という場合には、**「何か考えたら教えて」**と話を終わりにします。

3分でできるかかわり ● ● ●

親自身の子ども時代の話をする

　親が自分自身の子ども時代の話をすることもおすすめです。例えば、食事時など和やかな雰囲気のときに、「何でかわからないけど、急に思い出したんだよね」などと切り出して、**子どもと同年代のときの自分の学校での体験談**を話します。

　子どもは、親の子ども時代の話を聞きながら、自然と自分自身や自分の学校と重ねて考えます。特に同性の親の話は重なる部分が大きいでしょう。**親に学校のことを考えるように言われてではなく、自然と考えてしまうことがポイント**です。「自分の学校とは違うなぁ」とか「親の学校のほうがいいなぁ」などと、自然と考えてしまうのです。

これは、学校に行くか行かないかではなく、広い視点で学校のことを考えることにつながります。広く考えられるようになると、行動の自由が広がります。もし非常にうまくいけば、「僕の学校は○○だ」などと自分の学校のことについて話してくれるかもしれません。そこから、話が弾むと最高です。

　実は、子どもはお説教でなければ、親の子ども時代の話を聞きたがるものです。**自慢話やお説教では逆効果になりがちです。オモシロ話やずっこけ話、苦労話がおすすめです。**

ポイント ● ● ●

　学校について話せないことは、学校のことを考えることも避けてしまう状況かもしれません。学校のことに上手に触れるような働きかけは、学校とうまく付き合っていくことにつながると考えられます。

　配付物を置いておくことを伝えてみるのは、小さな負担で学校に触れる方法です。また、「学校のことを聞いてもいい？」という明確な質問をすると、肯定的な反応も拒否的な反応も、どちらの場合でも良い変化につなげることができます。親自身の子ども時代の学校の話をすることも、子どもが自然に自分の学校のことを考えることにつながります。

　いずれにしても、学校のことを無理に聞き出そうとするのではなく、抵抗があまり生じない工夫をしながら学校のことに触れていくことが大切です。

腹痛など身体症状の訴えがある場合

学校に行きづらい子の場合、子どもから「学校へ行きたくない」といった言葉がない場合でも、腹痛や頭痛を訴えて、学校に登校できない状態が続いていることも多いと思います。

《小学校4年生女子Dさんの母親の話》

学校のある日は、毎朝必ずなんですけど、「お腹が痛い」って言い出して、朝食もほとんど食べないままリビングのソファーで横になってしまいます。全然、元気も出ない感じで、ずっと何にもしないで横になっていて、こっちが「大丈夫?」などと聞くと、「痛い」と言ってきます。動き出す様子もなく、「学校どうする?」などと聞いても、「うーん」などという声が返ってくるだけで動きません。

登校の時間になって私が学校に欠席の連絡をします。

10時くらいになると元気になって、遅い朝食を食べることがほとんどです。その後はウソのように元気になって、学校の勉強もやっています。

　小児科で診てもらったのですが、「学校のストレスではないか。しばらく様子を見ましょう」と言われました。確かに、休日は腹痛の訴えはまったくないので、学校のストレスが影響しているのだと思います。でも、本人に聞いても「学校は楽しい」と言いますし、今まで学校のイヤなことを本人から聞いたことはありません。ただ、休ませる日が続いていて、どうしたらいいかわかりません。

　腹痛が続いているというのは心配ですし、元気がない様子は見ている親としてもつらくなると思います。

　でも、元気な日や場面があることは、基本的に良いことです。心身の健康がある程度保たれていることがわかるからです。ただ、「学校のイヤなこと」を本人から聞いたことがないというのは、気になります。

　学校生活では多くの子どもや大人とかかわりあいますし、さまざまな活動を体験します。そのため、必ず思い通りにならないことやイヤなことに出会い、誰でも多かれ少なかれストレスを感じるはずです。Dさんは、そこで生じている不快な気持ちをうまく整理できていないのかもしれません。

　その不快な気持ちが腹痛につながっているのではないかと想

像されます。不快な気持ちに自分で触れられるようになること
が第一歩かもしれません。

「つらいね」などと感情を言語化して受け止める

　声をかけると、少しだけでも反応があるようですから、まず
は声かけをしてみることが無理のない方法です。そのときに
は、**本人の感じている感情を想像して、それを温かく受け入れる
ような姿勢で言葉にして伝えます。**

　例えば、「つらいねぇ」「つらくなっちゃうね」などと穏やか
に伝えるのが１つの方法です。

　医師からは「様子を見ましょう」とのことですので、腹痛と
いう症状そのものの治療を急ぐ必要は少ないといえます。Ｄさ
んの場合、そもそも学校のストレスがあってそれが腹痛につな
がっていると考え、ストレスへの対処を促すことが１つの道筋
だと思います。そして、**ストレス対処の基本は、自分自身の不
快な感情に気づくことです。**

　一方、Ｄさん本人からは学校でのイヤなことやつらい感情は
話に出てこないようです。それでも、「つらい」という感情を
抱いている前提でかかわっていくのがよいと思います。

　「つらいね」と声をかけるときに、「腹痛がつらいね」という
気持ちだけではなく、「学校のイヤなことを考えるだけで、つ

らくなっちゃうね」という気持ちを込めます。イヤなことがあるのも、それを考えるだけでつらくなることも、自然なことです。だからこそ、温かく受け入れるような姿勢で「つらくなっちゃうね」と声をかけます。

本当は、「学校のことを考えたらつらくなって、お腹も痛くなってきた」などと子どもが自分から話してくれるのが理想です。しかし、Dさんは学校のイヤな話題や自分自身の不快な感情を避けている状態だと考えられます。そのため、本人が自分の不快な感情に気づき、言葉で表現できるように、親から感情を言語化して子どもに伝えていくのです。

また、「(学校のことを) 考えるだけでつらくなっちゃうね」と声をかけるのも1つの方法です。

Dさんはお腹が痛いと訴えているため、「(学校のことを) 考えるだけで…」という声かけはズレています。また、子どもからは、「考えてない」とか「学校は関係ない」などと否定する反応があるかもしれません。それでもまったく問題はありません。温かく受け入れる姿勢で声をかけていることが大切なのです。学校のことを考えるだけでつらくなるということは起こり得ることで、それは批判されるようなことではないということが、親の姿勢から伝わります。

子どもを説得する必要はありません。否定的な反応があったとしても、それは「まあ、そうか」などと軽く受け止めておくだけで十分です。

　学校のことを考えるだけでつらくなると本人が気づいていない場合には、それに気づくきっかけになります。受け入れられている雰囲気を子どもが感じられれば、学校のつらいこともわかってほしいという気持ちも少しずつ大きくなると思います。

◤30秒でできるかかわり◢ •　•　•

自分でお腹の痛いところを手でさするように促す

　痛みの訴えがあるときには、どこがどんなふうに痛いのかを聞くことは自然です。「つらくなっちゃうね」と返すだけではなく、さらに「どの辺が痛いの？」と聞いてみるとよいと思います。

　ほとんどの場合、「お腹…」などと漠然とした答えが返ってくると思います。そこで「どの辺なのかな？」などと言いながら、まずは親自身が自分のお腹をさすってみます。できれば、子どもに見えるようにさすります。もし、子どもも自然と自分でお腹をさするような場合は、非常に良い展開です。親からのかかわりが子どもの反応を引き出していることがわかるからです。

　子どもが自然と自分でさすらない場合には、「どの辺か、ちょ

っと手でさすってみて」と促します。子どもがさするのを見ながらそれに合わせて、「その辺？　んー、この辺かな？」などと言いながら親も自分のお腹をさすります。

子どもが痛い場所を特定したら、「ここなんだぁ」などと言いながら親も自分のお腹の同じ場所をさすります。

子どもが痛い場所を特定できずに「わからない」などと言う場合には、「うーん。どこなんだろうねぇ…」などと言いながら、自分のお腹の状態を探るように広くさすります。

こういったやりとりは、お腹の痛みそのものを解消するための対応ではありません。親が子どもと一緒になって、子どものお腹の痛みに気持ちを向けて、それを感じ取ろうとしている姿勢を示しているのです。

痛みはきわめて個人的なものです。他者に説明することはできますが、同じように感じ取ってもらうのは本質的に不可能です。それでも、親が子どもの痛みに気持ちを向けて、同じように感じ取ろうとしている姿勢が伝わることは、子どもの心をサポートすることになります。

3分でできるかかわり ● ● ●

子どものお腹などをさする

子どものお腹を親がさすってあげるのも、良いサポートになります。ゆっくりさすりながら、ときどき、「つらいねぇ」「つ

らくなっちゃうね」などと不快な感情を言葉で表現して受け止めるように声をかけます。「お腹が痛いのはつらいね」という気持ちよりは、「学校のことを考えるだけでつらくなっちゃうね」という気持ちでお腹をさすります。

　今回のケースは小学校４年生の女子児童ですので、母親がお腹をさすることを子どもが嫌がる可能性は低いと思います。子どもが嫌がる場合や父親が娘にかかわる場合、母親が息子にかかわる場合（特に思春期以降）は、お腹をさするのは難しいかもしれません。その場合は、**手や指もしくは足の裏をマッサージするのがおすすめ**です。一般に、体に触れられることに抵抗がある場合でも、手や足などの末端に触れるのは大丈夫なことが多いからです。

　「腹痛に効くツボがあるんだよ」などと言いながら、マッサージするとよいと思います。必ずしもツボがわかっていなくても、大丈夫です。ツボ以外の箇所も含めて、手や指や足の裏をまんべんなくマッサージするとよいと思います。

　Ｄさんのような場合は、ストレスが腹痛という体の反応として表れていると考えられますので、体から働きかけていくのが１つの方法なのです。

　また、抵抗があまりない場合は、腹痛のないときにもマッサージするのもよいと思います。反対に、**親の手や指を子どもにマッサージしてもらうのもよいと思います。**マッサージする側（子ども）もリラックスできるからです。

　このようなマッサージには、リラックスするという直接的な

効果があります。心身ともにリラックスするのに伴って、腹痛も軽減する可能性があります。

　また、**子どもにとっては、腹痛という不快な出来事に、親と一緒に対処するという体験となります。その体験は、学校でのストレスに一緒に対処することにつながっています。**

　なお、Ｄさんのケースでは腹痛でしたが、頭痛であれば、頭に触れる、頭をマッサージするという対応が可能です。

> ### ポイント ● ● ●
>
> 　学校に行きづらい子が、毎朝のように腹痛を訴える場合は、その背景にあるストレスに目を向け、それに対処することが大切です。しかし、子どもがストレスやそれによる不快な感情に気づいていなかったり表現できないからこそ、腹痛となって表れている面があります。まずは、子どもに、不快な感情に気づかせたり言葉で表現できるように促すことが重要です。
>
> 　そこで、「つらくなっちゃうね」と感情を言葉で温かく受け入れるように表現して伝えるのは１つの方法です。また、親が自分のお腹をさすりながら子どもの痛みを感じ取ろうとしている姿勢を示すのも１つの方法です。そして、子どものお腹をさすったり、手や指などをマッサージするのも良い方法です。いずれにしても一緒に対処するという姿勢を保つことが大切です。

トラウマの影響かもしれない
場合へのかかわり

　トラウマというのは「心にダメージを受けた体験の記憶」です。例えば死につながるような交通事故の体験は、トラウマとなる可能性があります。

　しかしそんなに大きなものではなく、誰にでもあるようなつらい体験でも、トラウマになってしまうことがあります。そして、それが学校に行きづらい状態につながってしまうこともあるのです。

《小学校１年生男子Ｅ君の母親の話》

　Ｅは毎晩、翌日の学校の準備をするときに非常に時間がかかります。忘れ物がないか何度も確認して、やっと準備を終えることがほとんどです。

　毎回必ず親が一緒に確認をしているので、実際は一度も

忘れ物をしたことはないはずです。それでもEは、「忘れ物ない？」と聞いてきます。私は何度も「忘れ物はないよ」「ママが一緒に確認したから絶対忘れてないよ」などと言いますが、Eは「先生に叱られる」と言います。他の子が忘れ物をして、先生に叱られたことを気にしているようです。

翌朝の登校前にはもう一度忘れ物がないか確認し始めますが、すごく時間がかかります。その後、「忘れ物してないから叱られないよ、大丈夫だよ」と私が言い聞かせて、一緒に学校まで行きます。

学校へ向かうEの足取りはかなり重く、私が半ば無理やり登校させている状況です。それでも、学校へ着いて昇降口に入ると、自分から教室のほうへ歩いて行きます。こうやって無理に連れて行けば少しずつ慣れてくるのでしょうか？

親が一緒に明日の準備をして忘れ物がない状況であっても、本人が不安がっていてなかなか登校できないというのは、親としては本当に困惑する状況だと思います。

実は、こういった状況は背景にトラウマの影響が隠れている場合があります。**トラウマの影響に気づかずにかかわっても、まったく良い変化にはつながらないことが多い**と考えられます。どのようにかかわっていけるか、ここで考えていきましょう。

感情を言葉でフィードバックする

　まずは、**子どもが感じている感情を想像して、それを言葉に表現して穏やかに伝えてみる**ことがおすすめです。場面1や4でも紹介した、「感情を言葉でフィードバックする」方法です。

　E君は、「忘れ物ない？」と母親に確認しています。その言葉の背景には、不安や心配といった不快な感情が生じていると考えられます。しかし、E君はその感情は言葉に表していません。自分自身の感情に触れることを避けていて、かえって感情に振り回されているようにも思えます。

　そこで、「心配になっちゃうね」「すごく不安なんだね」などと、E君自身の感情を想像して言葉で穏やかにフィードバックします。E君がそれに応えて「すごく心配」「怖いんだ」などと**感情を言葉で返してくれたら、最高の展開です。そのときは、E君の感情を受け止めるような気持ちで、「やっぱり不安になるよね」と繰り返して言葉でかかわる**とよいでしょう。

　感情を言葉で表現することで不快な感情がすっかり解消するわけではありませんが、少しだけその感情に振り回されにくくなることが期待できます。

　なお、まだ小学校1年生という低学年では、「心配になっちゃうね」などと声をかけると、親に気持ちをわかってもらえた

という安心感から、泣き出してしまう場合もあります。そんなときは、「ああ、心配なんだね」などと声をかけながら、抱きかかえて背中をさするなど、温かくサポートするとよいと思います。非常に大きな不安に直面していて、本人は必死でそれに対処していたのだと思います。そのため、上記のように感情を受け止めることがまずは大切です。

30秒でできるかかわり ● ● ●

「考えるだけで不安になっちゃうね」と声をかける

E君が忘れ物がないかを何度も確認しているのは、トラウマが背景にあると考えてみると、ある程度説明がつきます。

一般に記憶は、エピソードが言葉として保存されているだけではなく、そのときの光景や感覚、感情なども一緒に保存されています。例えば、好きな歌手の歌を思い出すと、その歌声も頭の中で再生される感覚があると思います。それと似たことがトラウマ記憶の場合にも生じます。なんらかのきっかけ（トリガー）によってトラウマの記憶が活性化され、その記憶とともにそのときに感じた感情や感覚がよみがえってきます。さらにその場面の光景や音や匂いがよみがえってくることもあります。

E君の場合、トラウマとなる出来事としては、忘れ物をした同級生を先生が大声で叱ったということが考えられます。そして、「明日の準備」というきっかけ（トリガー）によって、そ

の場面の記憶がそのときに感じた不安とともによみがえってくると考えられます（図）。学校へ行く準備をしているとき、E君の心の中では先生が同級生を叱っている大きな声が再生されるようによみがえっている可能性があるのです。

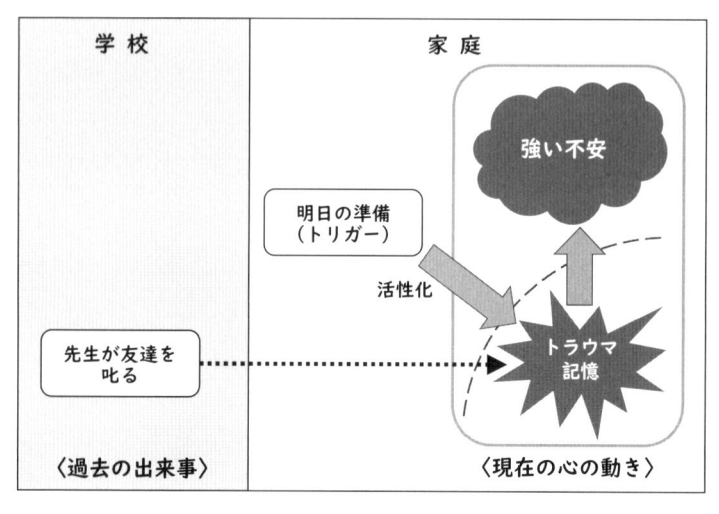

一方、忘れ物をしないように確認するという行為は現実的な対処ですので、記憶が薄れるわけでもありませんし、感情が穏やかになるわけでもありません。そのため、どんなに時間をかけて何度確認しても、不安や心配が拭えないのです。

30秒でできるかかわり方としては、「**忘れ物のことを考えると、心配になっちゃうね**」「**明日のことを考えるだけで、不安になるよね**」などと声をかけて、温かくかかわってみることをおすすめします。「**学校のことを思い出して、不安になっちゃうのかな？**」と質問してもよいと思います。

このとき大切なのは、「学校が心配なんだね」などと、**現実（学校）と不快な感情（心配）を直接つなげて言葉にしないこと**です。前述のように、トラウマによる影響は心の中で生じていて、現実はただのきっかけにすぎません。**現実と不快な感情をつなげて理解してしまうと、現実を変化させることに焦点が当たってしまいます。**しかし、現実が変わっても、心の中の問題であるトラウマの記憶はほとんど変化しないのです。

　そのため、「思い出すと…」とか「考えるだけで…」などと前置きをしつつ、**不快な感情を言葉に表現してフィードバック**します。「記憶が出てきて、不快な感情が生じる」というトラウマのメカニズムに沿ったフィードバックです。

　理想的な展開は、子どもが忘れ物のことではなく、不安や恐怖、心配を言葉として表現するようになることです。「心配なんだ」「先生が怖いんだ」などと言ってくるようになると、それは現実的な事柄ではなく自分の心に目を向けることができている証拠です。さらには、繰り返し**「思い出すと不安になっちゃうね」などと、トラウマのメカニズムに沿って声かけ**することがよいと思います。

3分でできるかかわり ● ● ● ●

一緒に深呼吸する

　3分でできるかかわりとしては、**一緒に深呼吸する**ことが良

い方法です。

「思い出すと心配になっちゃうね」などと声をかけた後に、体のどこに心配な気持ちが出てくるかを聞いてみます。親自身がその場所をなでたり、子どもになでさせたり、親が子どもをなでたりします。細かい手順は、場面4の「3分でできるかかわり」（51ページ）を参考にしてください。

そして、「じゃあ、一緒に深呼吸しよう」と投げかけて、息を合わせて深呼吸します。

低学年の場合は、子どもを抱いて深呼吸するのもOKです。ただ、抱かれた状態ではしっかりと息が入らないため、少しやってから、対面で深呼吸するとよいと思います。また、並んで座っているような場合も、対面する位置になって深呼吸することをおすすめします。

子どもと両手をつないで、目を合わせて深呼吸します。息を吸うときにつないだ手を少し持ち上げて、息を吐くときに手を脱力しながら下ろします。ゆっくり深く息をすることを心がけて、2〜3回深呼吸します。

そして、**子どもが不快を感じた体の部分に該当する自分の体の部分に手を当てて、体の感じを感じ取ります。**「心配が小さくなったかな？」とか「どんな感じかな？」と言うのもよいと思います。

これらは、子どもが自分で自分の内面や体の感覚に気持ちを向けるのを促すためです。**自然に子どもが自分の体に手を当てるかもしれませんが、そうでない場合は手を当てるように促しま**

す。

「スッキリした」などの反応を確認して、もう一度子どもをなでて終わります。

この後、子どもが学校のことや先生のことを話そうとする場合には、話を聞いてあげるのもよいと思います。その場合、**状況や先生の様子よりも、子ども本人の感情や身体感覚に焦点を当てることが重要**です。「そのときはドキドキしたね」「怖かったね」などと声をかけます。

また、「今思い出すだけで、怖くなっちゃうね」「お話ししていて、考えるだけでドキドキするね」などと、記憶がよみがえっている今現在の感情や身体感覚に目を向けます。

このように、**過去の体験と今の自分の状態を丁寧に分けて言葉をかける**ことが大切です。

> ### ポイント ・ ・ ・
>
> トラウマの影響があると思われる場合は、具体的・現実的な事柄よりも、不安などの感情を言葉にして温かくフィードバックすることが大切です。
>
> そして、「思い出すと不安になっちゃうね」などと、記憶が影響して生じている不安を言葉で受け止めます。さらに、一緒に深呼吸して不快な感情に対処することが重要です。

場面6

ゲームがやめられず
学校に行きづらく
なっている場合

　ゲームは子どもたちにとって、なくてはならないツールです。反面、ゲームは生活リズムの乱れにつながりがちで、登校しぶりや不登校の背景の1つとなることもあります。

　ただ、鶏が先か卵が先かという関係のため、ゲームが不登校などの原因だとは断言できません。学校がつらいためにゲームに没頭するようになった場合もあります。そのため、ゲームをやめさせることで登校しぶりや不登校が解決できるとは言えません。

　いずれにしても、ゲームをめぐって大変な状況が生じてしまうことはよくあることです。子どもに好きにさせておけば解決するわけでもないため、ゲームとどのように付き合っていくかは、多くのご家庭にとっては切実な問題ではないかと思います。

《小学校5年生男子F君の母親の話》

　Fは毎日遅くまでゲームをしていて、なかなかやめられないんです。以前、父親が強く出て、電気のブレーカーを切ってやめさせたり、無理やりゲーム機を取り上げたことがありました。でもその後、Fが大暴れして部屋中の物を投げたり倒したり大変なことになりました。そんなことがあったので、怖くて強く言うことができません。

　ゲームのルールは本人と一緒につくっていて、夜は10時までと決めているのですが、ほとんど12時頃までやっています。それで次の日は起きるのが遅くなって、学校を休んでしまうことが続いています。ゲームをやめさせることができたら、学校も行けると思うのですが、ゲームがやめられないんです。

　私が「時間だよ、終わりにしなさい」と言うと「わかってるよ！　もうすぐやめるから！」「わかってるのに！うるさいなぁ」などと怒った感じで言ってきます。でも、待っていてもやめません。時間を空けて何度も言って、やっとやめるという状態です。やめさせられるとかなり不機嫌になって、物に当たったりするのでヒヤヒヤします。本人の自覚が必要だと思って放っておいたら、朝までやっていたこともありました。本当にどうしたらよいかわかりません。

何とかゲームをやめさせようとして、本当に苦労している様子が伝わってきます。親として袋小路に入ったような気持ちかもしれません。

　しかし、**ゲームをやめさせるのではなく、"やめる力を育てる"ことが大切**だと考えてみると、方向性が見えてくるかもしれません。

10秒でできるかかわり ・ ・ ・

小さな良い反応に肯定的な言葉を返す

　母親は「本当にどうしたらよいかわかりません」と話していて、良い道筋が見えないように感じていると思います。しかし、F君の言動を見ると、小さな良い反応が返ってきています。それは、母親が「時間だよ、終わりにしなさい」と言ったときに、子どもから「わかってるよ！　もうすぐやめるから！」などと言葉が返ってくることです。

　「わかっているなら、すぐにやめればいいのに」と大人は思いがちです。しかし、「わかってるよ！」という返事がくるということは、"ゲームをやめる時間だ"という理解は同じだということです。親と子はゲームをやめることをめぐって対立しているように見えるのですが、実は、やめる時間だという共通理解の土台の上に立っているのです。

　つまり「わかってるよ！」という返事は、小さな良い反応な

のです。だからこそ、その**良い反応には肯定的な言葉を返すこ
とが大切**です。共通理解があるということを明確にすることが
できますし、子どもの良い反応を強めることにつながります。

　例えば、「さすが、ちゃんとわかってるね！」などと返すこと
が１つです。「ルールをちゃんと把握してるんだね」などと返し
てもいいかもしれません。同じルールに則ってやりとりしてい
ることが明確になります。

　こんなふうに返すと、さらに「わかってる、わかってる」な
どと子どもから返ってくるかもしれません。それにも、「よか
った」などと肯定的にフィードバックしたいところです。

◤30秒でできるかかわり◢ ● ● ●

自分でやめられていることに
ついて肯定的にフィードバックする

　母親は「毎日遅くまでゲームをしていて、なかなかやめられ
ないんです」と話していて、"子どもがゲームをやめられない"
ととらえています。しかし、ゲーム機を取り上げたりブレーカ
ーを落としたりしてやめさせた後に暴れることがあってから
は、無理にやめさせるような働きかけはしていません。

　実際は、やめるまでに時間はかかっても、Ｆ君は自分でゲー
ムをやめられています。母親がやめるように言っているのは、
やめさせているのではなく、Ｆ君が"自分でやめる"きっかけ
を与えていると考えることができます。

親が無理やりやめさせることと、親はきっかけを与えて子ども
が“自分でやめる”こととは、天と地ほどの違いがあります。

　F君の場合は、子どもが自分で何らかの区切りをつけたり、
気持ちを切り替えたりしてゲームをやめていると考えられま
す。そんなふうに自分で自分の心をコントロールできているこ
とは、非常に素晴らしいことです。

　ゲームには、続けて遊ばせるためのさまざまな仕組みや刺激
が満載です。そのため、ゲームをやめることは非常に難しいこ
とです。にもかかわらず、自分で区切りをつけて切り替えてや
めることができているのは、時間がかかったとしても非常に素
晴らしいことです。

　そこで、そのことに注目して「ちゃんと自分でやめられてる
ね」とか、「区切りつけるのは難しいけど、やめられてるね」な
どとフィードバックすることがおすすめです。

　子どももやめさせられたという受け身の体験ではなく、“自
力でやめることができた”という一種の成功体験としてとらえ
ることができると考えられます。

　実は、今の時代、“自分でやめる”ということは、非常に大
切な力であると考えられます。まだゲーム機が普及していない
頃は、テレビが子どもの娯楽の主役でした。しかし、好きなテ
レビ番組は30分や1時間で終わってしまって、それ以降は見る
ことができません。つまり、自分で見るのをやめる必要はなか
ったのです。今は、動画でもゲームでも無限に続けることがで
きる状況になっています。そのため、自力でそれをやめること

が必要になってくるのです。

　現代社会では、ゲームに限らず、ありとあらゆる物事を無制限に利用できるような状況になっていると言えます。そのため、**自分でやめられることは、現代社会を生きていくためには非常に重要な力**だと思われます。

　こういった事情もあるため、やめさせるよりは、自分でやめられることに意味があると考えられます。だからこそ、「ちゃんと自分でやめられてるね」と、自分でやめられていることに注目して言葉を返すことは大切だと思います。

自分でやめられていることについて話し合う

　「30秒でできるかかわり」のところに書いたように、自分でやめられていることは非常に素晴らしいことです。そこで、子どもにもそのことについて意識をもってもらえるように、**自分でやめられていることについて少し話してみる**ことをおすすめします。

　例えば、「自分でやめられるのが本当に大切なんだよ」などと伝えた上で、昔は自分でやめる必要がなかったことを説明し、現代社会では自分でやめられることが必要になっていると話してみることができます。

　これは、ゲームをやっている途中ややめた後などのタイミン

グにこだわる必要はありません。食事時やおしゃべりが続いているときに話してみるのもよいと思います。

　そのときには、子どもが自分でやめられていることが素晴らしいことも、忘れず話しておくことが大切です。子どもが自分でやめられていると思えることは、次の機会でも自分でやめることにつながっていきます。

　また、**自分でゲームをやめた直後などには、「自分でやめるときに、どうやって区切りをつけてるの？」などと質問してみる**こともおすすめです。

　一般に、**うまくいっているときこそ、なぜそれがうまくできているのかを質問することが大切**です。"うまくできた"という結果ではなく、そのために自分なりに努力や工夫したことに目を向けることになるからです。その努力や工夫が自分自身でわかれば、それを続けることで良い結果が得られやすくなります。

　F君の場合、「わかってるよ！」と応えているように、わかっているけれども、なかなかやめられないということだと考えられます。だからこそ、**どんな工夫や努力をしてやめることができたのかに目を向けて、それに気づくことができると、もっと自分でゲームをやめやすくなる**と考えられます。

　そして、もし子どもから「〜して、区切りをつけてる」「〜すればやめやすい」などと話が出てきたら、それを肯定的に受け止めるとよいと思います。「なるほど。そうなんだね」「よく考えてるね」と肯定的にフィードバックします。その上で、**「良**

い方法だよね。私も○○のときにそうしてみようかな」などと良い方法であることを強調して伝えてみることもおすすめです。

さらには、「他にも良い工夫があったら教えてね」と投げかけておけば、子どもがゲームをやめる方法を自分で考えたり工夫したりするかもしれません。

> ### ポイント ・・・
>
> 子どものゲームのやりすぎについては、ほとんどのご家庭が悩んでいることではないでしょうか。どんな場合でも、子どもが自分でやめられることが非常に大切です。
>
> ゲームをめぐっては悪循環が生じがちですが、実際は小さな良い反応が生じていることがあります。それを見つけて、「さすが、ちゃんとわかってるね！」などと肯定的に返すことがまず重要です。
>
> その上で、自分でやめられている場面を見つけて、「ちゃんと自分でやめられてるね」などと肯定的にフィードバックすることが大切です。そして、「どんなふうにして自分でやめることができているか」について聞いてみます。子どもが自分の心を自分でコントロールすることにつながっていきます。

別室登校はできているが、学校の話題で険悪になってしまう場合

　子どもが登校していても教室へ行くのが難しい場合、保健室や空き教室で過ごすようにすることがあります。いわゆる「別室登校」です。

　その場合、休み休みでも学校への登校を続けられることが多いのですが、登校や教室など学校のことをめぐって、親子の会話が険悪な雰囲気になってしまうことがよくあるのではないかと思います。ここでは、そんなときのかかわり方の工夫について考えます。

《中学校２年生女子Ｇさんの母親の話》
　Ｇは学校は休みがちで、教室へは全然行ってないんです。登校した日も、別室で自習したり保健室で過ごしています。

保健室の先生はGの好きなアイドルのことをよく知っていて、2人でいろいろ話しているみたいです。それがGもうれしいみたいで、「保健室の先生が〇〇って言ってたんだよ」などとよく話してくれます。ただ、担任の先生のことは非常に嫌がっていて、家では「キモい」「うっとうしい」などと言っています。

　先日、担任の先生が来週の家庭科の調理実習に参加したらどうかと話してくれたみたいなんです。Gは、「せっかく保健室の先生と話してたのに、担任が邪魔してきて最悪だった」とか、「行くわけないのに、なんか馴れ馴れしく話しかけてきてホントにキモい」と言ってるんです。

　私からは「先生がGのために教えてくれたんじゃない？そんな言い方はよくないでしょ」と話しました。そしたら、Gはすごく怒ってしまって、「なんで、あいつ（担任の先生）の味方なんかするんだよ！　結局、私が悪いってことね!!」とか大声でわめいて、ドアをバンと閉めて部屋から出てこないんです。

　いろいろと声をかけても、もうダメですよ。どうしたらよいかわからないんですけど、まあ、何日かしたら普通に戻って、家では自分のペースで過ごしています。

　ちょっとしたことでキレてしまうのが、いつものパターンみたいになっていて、どうしたらよいかすごく迷っています。

一般に、別室登校は子どもにとってストレスフルな状況です。廊下を通る他の子どもたちや教職員の気配に、不安を感じながら過ごしていることもあります。また、一人での自習がはかどらず、孤独感や無力感も感じがちです。教室へ行くか行かないか、学級の活動に参加するかしないかなどについても、プレッシャーを感じがちです。

　一方、担任等の教職員も、その日の過ごし方や活動などについて、子どもの意思を確認せざるを得ない場合がほとんどです。それが教職員と子どもとのコミュニケーションの難しさにつながりがちです。

　また、保護者としても、Gさんの母親のように担任との関係をつなごうとしますが、かえって子どもとの関係がギクシャクしてしまうことがあります。家庭でどのように子どもにかかわればよいか考えます。

10秒でできるかかわり ● ● ●

話をしてくれること自体について
肯定的にフィードバックする

　Gさんが学校のことをよく話してくれているのは素晴らしいことです。学校で何があったかわかることで、親も安心できます。Gさんにとっても、学校のことを話すことは、学校でのいろいろなストレスを解消するのにも役立つでしょう。

　そこで、**話をしてくれるそのこと自体について肯定的にフィ**

ードバックすることをおすすめします。

　例えば、「学校のことをいろいろ話してくれるから、ありがたい」などと言葉に出してGさんに伝えます。単に「**教えてくれてありがとう**」と言うのもよいと思います。また、「**学校の様子がわかって安心する**」などと、親の安心感を伝えることは特に良い方法です。

　ところで、楽しい話や良い話では、親も肯定的に子どもにかかわれると思います。反面、ちょっと困るような話が出たときには、親も自然と否定的な反応をしがちです。それは自然な反応なのですが、子どもは困ったことを話しにくくなってしまいます。

　また、子どもは親に心配をかけたくないという気持ちももっています。ですから余計に、困ったことはなかなか話せなくなりがちです。

　そこで、Gさんのように困ったことの報告がある場合には、その話をしてくれること自体について肯定的にフィードバックすることが大切です。

　例えば、「困ったことがあったのを教えてもらうと、Gも頑張ってるなぁってわかるね（だからありがたい）」などと伝えるのは、非常に意味があると思います。**困ったことを話しても親が肯定的にとらえてくれるということは、子どもにとっては安心が高まります。**もちろん良かったことを話そうという気持ちも高まります。

感情を言葉で表現して伝える

　Gさんの学校に関連する話を聴くと、Gさんの心がさまざまに動いていることが伝わってきます。養護教諭とのかかわりは、Gさんにとって楽しい体験になっているようです。別室登校というストレスフルな状況の中で、心の支えになっている面があると考えられます。反対に、担任とのかかわりは学校のストレス状況の代表のようになっていると感じます。

　つまり、学校生活の実際の場面でも、Gさんの心にはさまざまな感情が湧いていますが、それを思い出して母親に話しているときにもさまざまな感情が湧いてきています。その**感情に注目して、それを温かく言語化して伝え返す**ことが1つの良いかかわり方です。

　例えば、Gさんが養護教諭とのかかわりについて話しているときには、うれしさや楽しさが伝わってくると思います。それに応えて**「そういうの、うれしいよね（楽しいよね）」などと感情を言語化して伝えてみる**ことがおすすめです。

　反対に、担任について話しているときには、不快感や怒りが伝わってきます。その感情の背景には不安があるのかもしれません。**不快感や怒り、不安などを言語化しつつ、「なんかイライラしちゃうね」「いろいろ言われるとつらいね」などと温かく言**

葉にして言ってみるのも良い方法だと思います。

　親としては、少しでも教室へ行くことができれば、それがＧさんにとってプラスになるのではないかと考えると思います。それはもちろん一理あります。ただ、別室登校の状況では「教室へ行くか行かないか」ということに集中しがちですが、それがかえって自由な動きを妨げてしまうことが多いと思います。

　今は、Ｇさんには教室への不安や心配があることが想像されます。そのため、行くか行かないかよりも、まずはＧさんの感情に目を向けてみることが良い方法ではないかと思います。

　また、Ｇさんは担任などの他者については話していますが、自分自身についてはあまり話していないようです。そういうこともあり、Ｇさん自身の気持ちに焦点を当てる意味でも、感情を温かく言語化して伝えてみるのがよいと思います。

　まずはＧさんが、自分で自分の感情に気づくことがスタートです。そのためには、**「温かい関係の中で、感情を言葉で表現して受け止める」**ことが重要なのです。

3分でできるかかわり ● ● ●

その後どうしたかを聴く

　Ｇさんは学校のことをいろいろ話していますが、養護教諭や担任の言動が話の中心のようです。それが悪いわけではありませんが、Ｇさん自身がそのときにどんな気持ちでどんなことを

考えて、どんな行動をしたのかが見えてきません。そこを話してもらうことが大切です。母親にとっても、せっかくGさんから話を聴いているわけですから、わが子であるGさん自身のことをより詳しく理解することは大きな意味があると思います。

そこで、Gさんの話が担任や養護教諭のことで終わったときには、Gさんがそのときにどうしたのか聞いてみることをおすすめします。例えば、「(担任が)…って言ったんだよね」などとGさんが話したら、**「そのときって、Gは先生になんか言ったりしたの？」と聞いてみる**のが1つです。

それに応えて、Gさんからは「何も言ってない」という言葉が返ってくる場合があります。さらに続けて「だって、何か言ったら余計面倒だし…」という言葉があるかもしれません。Gさんが担任とのかかわりを負担に感じていることや、うまく自分を表現できていないことが浮かび上がってきます。

この場合、Gさんは本来何と言いたかったのかが気になります。そのことについても、**「本当は何て言いたかったの？」と質問してみる**のもよいかもしれません。

また、「それはちょっと○○ですって言ったんだよ」「はい、そのうちに行きますって答えたんだけどね」などという答えがあるかもしれません。どちらの場合も、Gさんは婉曲に断ったとわかります。

いずれにしても、担任の言葉へのGさんの反応がわかれば、Gさんの気持ちもある程度わかります。担任や養護教諭はGさんにとって重要な人物ですが、その人たちよりもGさん自身の

ことを理解することが大切だと思います。

　このように担任の言動でGさんの話が終わっている場合、G さんの気持ちまでは理解しづらいのです。だから親としては担任と同じようなスタンスでかかわってしまい、Gさんから反発されてしまうことにつながっていると思います。

　担任は間違ったことを言っているわけではないので、そこで話が終わっていると、聴いているほうは担任を支持するような言葉を返してしまいがちです。**子どもが「その後、どう行動したか」まで聞くことができると、子どもの気持ちがより詳しくわかって、その気持ちに働きかけやすくなる**と思います。

ポイント ● ● ●

　子どもとのちょっとしたやりとりから険悪になってしまうことがあります。それでも、子どもが自分から話をしてくれることは、素晴らしいことです。まずは、話してくれていることを肯定的にフィードバックすることが大切です。

　また、子どもが話をする中で、自然と感情が動いています。その感情を言葉として受け止めて「イライラしちゃうね」などと伝えることも意味があるかかわりです。

　そして、他者に焦点を当てるのではなく、子ども自身が何をしたのかに焦点を当てて話を聴くことも重要だと思います。

不登校の子のきょうだいが「ズルい」と言ってくる場合

　学校に行きづらい子についての疑問や不満が、そのきょうだいから出てくることがあります。保護者としては、学校に行きづらい子へのサポートだけでも、いろいろな負担があります。両方の子どもを傷つけずに、きょうだいの疑問や不満に応えることは、さらに心理的な負担になると思います。どんなふうに応えたらいいか考えてみます。

《中学校２年生男子Ｈ君の母親の話》

　兄のＨは、中学校１年の夏休み明けから少しずつ学校へ行けなくなってしまいました。最初の頃は、体調不良の訴えが続いていて、昼夜逆転に近いような状態でした。２年になってからは、昼前には起きるようになり、ときどきは放課後に担任の先生に会いに行けるようになってきまし

た。それ以外はほとんど１日中ゲームをしているような感じです。Ｈなりに頑張っているとは思いますが、ゲームばかりなのはすごく心配しています。

　それだけではなく、最近は小学校４年の妹Ｉの反応が気になっています。

　以前は、兄のことについて「何で学校休んでるの？」と聞いてきたこともありました。私のほうからは、体調が悪くて休んでいることを説明して、Ｉも少しは納得した部分があったように思いました。最近は、ゲームばっかりやっているＨの様子を見て、Ｉは「好きなことばっかりやっていいなぁ〜」と言ってきたこともあります。うらやましい気持ちもあるようでした。

　ところが、先日は「ゲームばっかりやっててズルい」と、強い口調で私に言ってきたんです。私はとっさに「お兄ちゃんだって頑張ってるんだよ。そういうところをちょっとわかってあげて」と返したのですが、Ｉはすごく不満そうな顔でそっぽを向いて行ってしまいました。

　私も、Ｈがゲームばかりしていることは心配で、自分で自分に「Ｈも頑張ってるんだ」と言い聞かせている面もあります。妹のＩにそういうことを求めるのは難しいと思いますが、どう対応したらよいか迷っています。

　保護者としては、学校へ行きづらい状態のお兄さんをそっと見守ってあげたい気持ちなのだと思います。

妹の立場としては、そういう兄のことをわかってはいても、ゲームばかりしている姿を見ると、いろいろな思いが湧いてくるのだと思います。妹のＩさんがそういう自分の気持ちを少しは親に表現できていることは良いことだと思います。

　ただ、妹のＩさんに兄の気持ちに配慮することを求めると、Ｉさんは自分の気持ちが否定されたと感じる可能性があると思います。兄は大切にされていて、自分は大切にされていないなど、孤独や疎外感を感じるかもしれません。兄のＨさんを否定せず、妹のＩさんの気持ちも大切にするようなかかわりが求められると思います。

10秒でできるかかわり ● ● ●

「見てると、腹も立つよね」などと
感情を言葉で表現して伝える

　妹のＩさんは、兄のことについて「ズルい」と表現していますが、それは兄についてのとらえ方です。人によって、立場によって、とらえ方は違いますので、Ｉさんのとらえ方を一概に否定することはできません。だからといって、「そうだよね、ズルいって思っちゃうよね」などと肯定すると、兄のＨさんを否定することにもつながります。

　また、兄に配慮するように妹に求めることには、無理があります。

　保護者の立場としては、どちらの側につくこともできないた

め、返す言葉に詰まってしまいがちです。

実は、「ズルい」という言葉の背景には、妹のＩさん自身の心の動きが隠れています。その後に、不満そうな顔でそっぽを向いてしまったようですから、兄のＨさんを見ていてイライラしたり腹が立ったりしている可能性は高いと思います。がっかりしたり心配したりしている可能性もあります。こんなふうに、「ズルい」という言葉の背景にはマイナスの感情が動いていると考えられるのです。

妹のＩさんとかかわるときに大切なのは、兄のＨさんについて考えることではなく、Ｉさん自身に目を向けてかかわることです。まずは、Ｉさんの感情に目を向けてみることがよいと思います。

そこで、「見てると、腹も立つよね」とか「イライラしちゃうね」などと、Ｉさんの内面で生じている感情を想像して、言葉にして伝えてみることをおすすめします。

もちろん、兄のＨさんを非難するように言うのではなく、温かい雰囲気で言葉にします。"ゲームばかりしている様子を見ていれば、誰でもそういう感情が湧いてくるのも当然だ"という姿勢で言葉にするのです。そういう雰囲気によって、妹のＩさんは自分が受け入れられサポートされていると感じるのではないかと思います。それに伴って気持ちが少し穏やかになってくれば、「ズルい」などといった否定的な言葉が少なくなることも期待できます。

「特にどんなときにそうに思うの？」と聞いてみる

　ゲームばかりしている兄のことを「ズルい」と思うのは、ある程度納得ができることですので、聞いた大人も、違和感なく受け入れてしまいがちです。しかし、ズルいと感じたいきさつなど、妹のＩさん自身の体験はよくわかっていません。Ｉさんの気持ちを理解することについてはまだ不十分なのです。

　一方、兄のＨさんに対する妹のＩさんのとらえ方は、少しずつ変化しているのがわかります。最初は、「何で学校休んでるの？」と疑問を抱いていたようですが、その後はうらやましい気持ちへと変化し、最近は「ズルい」という否定的な表現になっています。そんなふうに変化してきたのは、Ｉさんなりの理由や背景があるかもしれません。その理由や背景を理解することも、Ｉさんの気持ちを大切にするためには必要なことです。

　理由や背景を聞こうとして「どうして？」と質問することはよくあることだと思います。しかし、「どうして？」という質問には、相手を問い詰めているような雰囲気があります。場合によっては、非難されているように感じさせる質問です。そのため、一般的にあまりおすすめできません。代わりに、**「特にどんなときにそう思うの？」** と質問してみることは良い方法です。「特にどんなときに？」と聞かれると、聞かれた人はその

ときのことを思い出して、状況を説明してくれることが大半です。そのときの状況がわかれば、理由や背景に近づくことができます。そこから少し想像を働かせて具体的に質問すれば、そう思う理由や背景がわかることが多いと思います。

　妹のＩさんに戻れば、「特にどんなときにズルいって思うの？」と質問してみます。Ｉさんがそれに答えて「だって、私が学校から疲れて帰ってきたときに、お兄ちゃんがギャハギャハ大声で笑いながらゲームしてたら、何かあーあって感じになっちゃう」などと言うかもしれません。その場面で特に強くマイナスの感情が湧いていることがわかります。Ｉさんもサポートを必要としているのです。

　そこで、兄のＨさんがどうかではなく、妹のＩさん自身の気持ちに目を向けてみることがおすすめです。「10秒でできるかかわり」で書いたように、ゲームばかりしている様子を見ていれば、誰でもそういう感情が湧いてくるのも当然だよねという姿勢で、**「がっかりして、あーあって思っちゃうよね」**などと、**感情を言葉にして受け止める**ことも良いサポートになるのではないかと思います。

3分でできるかかわり ● ● ●

自分なりの要望や期待について聞いてみる

　「30秒でできるかかわり」のところで、妹のＩさんが特にマ

イナスの気持ちを感じている場面がわかりました。さらに、どういったことがＩさんの助けになるのかを聞いてみることも大切です。

　そんなとき、「どうしたらいい？」とか「どうしてほしい？」などと聞いてみることが多いかもしれません。そういった質問が悪いわけではないのですが、無意識的に“自分や親にできること”という制限がかかってしまって、思考が広がらないことが多いと思います。

　そこで、少しでも考えを広げるように聞いてみることがよいと思います。私は、**「こんなことがあったらいいなぁって、何か思いつく？」**という聞き方をよく使います。“自分や親が何かする”という前提が弱い聞き方ですので、柔軟な考えを引き出しやすいと思います。ぜひ、このままの言い回しで聞いてみてください。

　もしかしたら、妹のＩさんから「お兄ちゃんが、さっさと学校へ行ってくれたらいいんだよ。もう、だいぶ元気になったんだし」などと話すかもしれません。そういったことを言われると保護者としては、どう応えたらよいか困ってしまいがちだと思いますが、まったく困ることはありません。柔軟な考えを引き出すような聞き方にＩさんが応えて、率直な気持ちを話してくれたのです。素晴らしいことです。

　ただ、このＩさんの言葉は、Ｉさん自身のことを言っていません。兄の変化について言っているだけです。大切なのは、そんな兄の変化がＩさん自身にとってどう良いのかを具体的に聞

いてみることが大切です。

　例えば「そうだよね」といったん同意した後、「それって、Ｉにはどんなところが特にいいの？」と聞いてみてください。

　Ｉさんから「だって、（私が）学校へ行くときに、今日も行かないのかなぁとか心配しないでもよくなるでしょ」などと答えてくれるかもしれません。「ズルい」という言葉の背景にあったＩさんの気持ちが現れてきたと感じます。そうしたら、「そうだね。心配しなくてもいいって大切だね」などと応えることで、Ｉさんの気持ちも大切にすることができます。

> ### ◤ポイント◢ ・ ・ ・
>
> 　学校に行きづらい子のきょうだいから不満が語られることがあります。それは、きょうだいが自分の気持ちを親に表現しているので、基本的には良いことです。
>
> 　まずは、「見てると、腹も立つよね」などと、不満を言ってきたその子自身の感情を言葉で表現して伝えてみることがおすすめです。また、「特にどんなときにそう思うの？」などと質問することを通して、不満が生じる理由や背景を理解することも大切です。
>
> 　そして、「こんなことがあったらいいなぁって、何か思いつく？」などと、きょうだいの自分なりの要望や期待に目を向けてみることも良い方法だと思います。

場面9

暴言や暴力がある場合

● ● ● ● ● ● ● ● ● ●

　思春期の子どもたちは、ただでさえイライラしがちで、ちょっとしたことで言葉づかいが乱暴になったりすることがあります。学校に行きづらい状態にある子どもたちは、学校を巡ってつらい状況に直面しているため、さらにイライラしがちです。大人の働きかけに対して暴言や暴力が生じることも出てきます。

　暴言や暴力に直面したとき、家族でも不安や恐怖を感じるのは無理もないことです。どのようにかかわったらよいか迷ってしまい、腫れ物に触るようなかかわりしかできなくなってしまうこともあると思います。

　まず大切なことは、**かかわる大人の安全を確保する**ことです。その上で、**子どもの成長につながるかかわりを工夫する**ことが大切です。

≪小6男子J君の母親の話≫

　Jは6年生になってから、急に不機嫌な日が増えて、あまり話もしなくなりました。その後、頭が痛いと言って、なかなか起きてこなくなって欠席が増えました。そして、勉強もやらなくなってしまいました。

　夏休み前には学校に行かなくなり、9月以降はまったく登校していません。

　ときどき学校から親には連絡があります。先生から聞かれたことを「Jはどうする?」などと聞くと、キレてしまって「うるさい!」とか「シネ!」とか怒鳴ってきます。物を投げてくることもあります。

　父親から厳しく言ってもらったこともあったのですが、Jが部屋中暴れまわって父親も蹴られたり叩かれたりして、収拾がつかなくなりました。それからは、Jはいつもイライラしていて、こちらとしては見守っているだけです。ただ、ご飯は一緒に食べているので、Jはほぼ無言ですが、声をかけています。

　親の私がしっかりしないといけないと思いますが、恐怖感もあって、どうしたらよいかわかりません。

　子どもからの暴言や暴力があるとき、親であっても恐怖を感じてしまうのは心の自然な反応です。まずは、ご自身の安全を確保することが重要です。

J君の場合は、学校のことについて確認しようとするときだけに暴言が出ているようです。このような場合、まずは学校のことを話題にはせず、暴言や暴力が出る状況を避けることが重要です。

　また、「**暴言や暴力は心の防衛反応**」ととらえることができます。6年生の初めの頃にJ君が傷つくような出来事があったのかもしれません。そのため、ちょっとしたかかわりでもつらく感じて、防衛反応である暴言や暴力が出ている可能性を考えなくてはなりません。

　学校に状況を伝えて、本人の気持ちの理解につながる情報があるかどうかを聞いてみることが重要です。その上で、**しばらくは学校のことは言わない方針であることを伝えて、学校にも理解してもらうことが必要です**。できれば**スクールカウンセラー**などの専門家に相談しながら、本人へのかかわり方を一緒に考えてもらうようにしたいものです。

　このようなことを踏まえた上で、家庭での本人へのかかわり方の工夫について考えてみます。

10秒でできるかかわり ● ● ●

やりとりが一往復でも増えるようなかかわりを工夫する

　保護者としては、どうしてよいかわからないのも自然ですし、恐怖や不安もあると思います。ただ、「すべてがうまくい

っていないわけではない」のではないでしょうか。**問題なく自然と続いていることがあるものです。それを見つけることが非常に大切**です。

　今回の場合は、「食事を一緒に食べている」ということがそれにあたります。本人に声をかけたら、食卓について、無言であっても一緒に食べているというのは、親の声かけに本人は行動で応えているということです。良いコミュニケーションの第一歩が生じているのです。

　そこで、この**やりとりが、もう一往復だけでも続くような声かけを工夫する**ことが1つの方法です。

　子どもが食卓に現れたら、「今日は野菜炒めだよ」などと、メニューを伝えてみます。野菜炒めであることは、言われなくても見ればわかります。でも、コミュニケーションとはそういうものです。本人も「あー」などと応えるかもしれません。

　不機嫌そうな感じでもいいのです。そんなふうに、一往復でもやりとりがつながることが、次のコミュニケーションにつながっていきます。そして、少しずつ本人との良い関係性を回復していくことにつながっていきます。

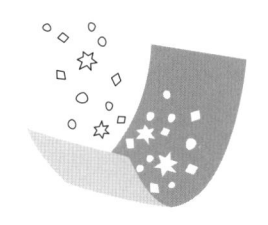

　また、母親の話には出てきませんが、J君は歯みが

きをしたり、お風呂に入ったりしているかもしれません。「お風呂はいいよね」「歯みがきって大切だよね」などと、本人ができていることを見つけて、肯定的な言葉をさらっとかけてみることもおすすめです。

　子どもを「変えよう」とか、「さらに良い行動をさせよう」ということではなく、ＳＮＳで「いいね」ボタンを押すような軽い感じで本人の行動に肯定的に反応を返す言葉かけです。こちらの投げかけに本人が応えている場面を見つけて肯定的な声かけしたり、**事実であることや単純なこと、わかっていること**をさらに投げかけるのがコツです。

「イライラしちゃうよね」と
本人の感情を温かく言葉にしてみる

　Ｊ君はいつもイライラしている様子だということなので、**本人の感情を温かく言葉にして伝えてみる**ことも１つの方法です。たまたま顔を合わせたときに、さらっと「イライラしちゃうよね」などと温かく声をかけます。Ｊ君がイライラしてしまうのは無理もないのです。そこで、Ｊ君と**同じ状況に置かれたら、**「**誰でもイライラするものだ」「イライラするのが自然だ」**というニュアンスを込めて温かく伝えてみます。

　暴言や暴力は基本的には受け入れられません。しかし、その背景にある感情を否定することはできません。**感情は生理現象**

のようなものなので、否定してもまったく意味がないのです。「お腹がすいてはいけない」と否定しても意味がないことと同じです。怒りなどのマイナスの感情も認めつつ上手に付き合っていくことが大切なのです。だからこそ、言葉にして「イライラしちゃうよね」と温かく伝えてみるのです。

もし本人から、「イライラしてるに決まってるだろ！」などと、怒ったように言葉が返ってきたとしたら、理想的な反応です。乱暴な言い方であったとしても、暴言や暴力ではなく、言葉で自分の感情を表現しているからです。そのようなときは、「そうだね、イライラしちゃうよね」と温かく繰り返してみるのがいいと思います。

また、「うるさい」などと言葉が返ってきたとしても、「そうだね」などと返すだけで構いません。**深入りして話し合うことが重要ではなく、こちらが本人のマイナスの感情を認めているということが伝わることが重要**なのです。

3分でできるかかわり • • •

今できていることから広げる

学校に行きづらい状態や欠席が続いている場合は、できていないことに目が向きがちです。Ｊ君の母親も「学校に行かない」「勉強をしていない」「学校のことが話せない」など、できていないことばかり気になっています。

しかしJ君の場合は、極めて重要なことができています。それは、家族と一緒に食事をとっているということです。食事をとるということは、単に栄養補給をしているわけではありません。**親がつくった料理を食べているということは、親の働きかけを受け入れているということですし、親子関係の土台がしっかりとあるということです。**この土台を少しずつ発展させていくことを考えてみるのがおすすめです。

　その1つの方法が、**「味見をするように促す」**ことです。食事の前はもちろん、食事の後でも最中でも構いません。「明日のシチューがまだ途中なんだけど、ちょっと味見してくれる？」などと促します。

　私の経験上、味見を嫌がる子はほとんどいません。かなりの確率で、働きかけに乗ってきます。そして、味見の後に「どう？」などと聞いてみて、コメントを促します。的確なコメントではなくても、「うん」とか「まあ」とかあまり意味のない反応が返ってきたとしても、それでOKです。味見することが続けば、食事づくりを少し手伝ってもらえるように工夫することもできるかもしれません。少しずつ、本人の活動や親とのコミュニケーションが広がってくる良いきっかけになる可能性があります。

　そして、**一緒に食事をしながら、子どもが小さかった頃の食事のエピソードを話す**ことも1つの方法です。もちろん、楽しかったエピソードを話します。

　「幼稚園のころには、〇〇が大好きで、よくつくってほしい

って言ってきたよね」などと楽しい気分で話します。本人に話しができれば最高ですし、**本人以外の他の家族と、その当時のことを楽しく話すこともおすすめです**。本人からの反応がなくても、本人は知らず知らずのうちに、過去の肯定的な体験を思い出しています。さらには、過去の自分のことを家族が楽しく思い出して話すのを聞くことは、自分が家族に受け入れられていると感じる機会になります。食事の場が、さらに安心な場になるのです。

> ### ポイント ・・・
>
> 　暴言や暴力がある場合には、まず保護者の安全を確保することが重要です。
>
> 　そして、暴言や暴力が生じがちな場面でのコミュニケーションではなく、知らず知らずのうちに良いやりとりが生じている場面を見つけることを意識します。そのような場面が見つかったら、そこでのやりとりが一往復でもつながるようかかわります。
>
> 　また、感情があまり高ぶっていない場面で、そっと「イライラしちゃうよね」などと感情を温かく認めるような言葉かけをすることもポイントの１つです。
>
> 　さらに、味見を促すことのように、「できていることを少し広げるような投げかけ」をしていきます。

場面10

自傷行為や過量服薬が
わかったとき

　つらい気持ちを抱えている子どもたちは、リストカットなどの自傷行為や風邪薬などの過量服薬（ＯＤ：オーバードーズ）によって、そのつらさを乗り切ろうとすることがあります。自傷行為や過量服薬には、強い刺激や薬の作用によってつらい気持ちを感じなくさせるという、一種の対処行動という性質があります。ただ、その効果が少しずつ低下してしまうため、つらい気持ちに対処できない状況に陥りがちです。

　また、自傷行為や過量服薬の背景には孤独があると言われています。子どもが自分一人でつらい気持ちに対処しようとして、こういった行動に陥ってしまうと考えられます。

　家族は、どのようにかかわったらよいか本当に迷うと思います。やめさせるのではなく、背景にあるつらい気持ちに、子どもだけではなく、親などの大人と一緒に対処するように促すこ

とが大切です。

　それでは、どうかかわっていったらよいか、事例に沿って考えていきましょう。

《中学校１年生女子Ｋさんの母親の話》

　Ｋは、中学校１年になってから学校へ行きづらくなり、欠席が続くようになりました。担任の先生の働きかけで、別室登校はしています。でも、毎日、学校へ行くのか行かないのかはっきりせず、親としてはいつもヒヤヒヤしながら見守っています。

　そういう中で、左腕に傷があることに担任の先生が気づいてくれて、リストカットしていることがわかりました。注意したり話し合ったりしましたが、その後もときどきリストカットしているみたいです。やめるように言ってもなかなかやめられないようです。

　最近、ゴミ箱から風邪薬の空箱が２つ出てきたので、話を聞いてみたら、一度に何錠も飲んだということでした。Ｋは「リストカットするよりいいでしょ！」と怒って言うだけで、険悪な感じになってしまいました。その後も、リストカットしている様子があって、どう声をかけてよいかもわかりません。本当に心配なんです。

　Ｋさんに毎日接しているご家族としては、本当に心配で、考えるだけで不安になったりつらくなったりするのではないかと

思います。

　最初に述べたように、**自傷行為も過量服薬も、「つらい気持ちを自分一人で乗り切るための対処方法」**という性質をもっています。本来、つらい気持ちに対処しようとすること自体は、きわめて自然なことです。その対処方法が使えなくなってしまうのは、子どもにとっては恐ろしい事態かもしれません。そのため、単にやめさせようとする対応は、子どもの拒否や反発につながりがちです。子どもが抱えているつらい気持ちを受け止めつつ、大人の力を借りながら対処できるように促していくことが大切です。

10秒でできるかかわり ● ● ●

「つらい気持ちと戦っているんだね」と伝える

　子どもの自傷行為や過量服薬を知った大人が、不安になったり気持ちが混乱したりするのも自然なことです。まずは、息をゆっくりと大きく吐いて、少しでも気持ちを落ち着けてください。

　その上で、「つらい気持ちと戦っているんだね」と伝えてみることが１つの方法です。

　まずは、**自傷行為や過量服薬が良いか悪いかということではなく、「つらい気持ちがあって、その対処行動だ」ということを共有すること**が大切です。

しかし、子ども本人は「対処している」というよりは「戦っている」という感覚が近いかもしれません。そこで、「つらい気持ちと戦っているんだね」と、「戦う」という言葉を使って伝えてみるのです。

伝えるときには、温かい雰囲気で言うとよいと思います。子どもに聞こえていればOKです。本人の返事は必ずしも必要ありません。

また、「うるさい」とか「あっそう」などと冷淡な反応が返ってくる場合もあります。こういった反応も、特に気にする必要はありません。**聞こえていたんだなと心の中で受け止めてく**ださい。

子ども自身は、つらい気持ちにも自傷行為や過量服薬にも、自分自身では触れたくないのです。もちろん、大人にも触れられたくないのです。そのため、パッと冷淡な反応が生じると考えられます。そういった反応にこちらも反応してしまうと、子どもの不快感を助長しがちです。そうなると、自分で触れるのも大人から触れられるのも避けるようになります。

その話題に「触れられても特に大変なことは起きない」「触れても大丈夫」という感覚が少しずつ育ってくることが大切です。そのためには、子どもの反応に対しては、**冷静に受け流す**のがよいと考えます。

ところで、自傷行為や過量服薬は、大人にとっては、子どもが自分自身を傷つけている不適切な行動です。しかし子どもにとっては、つらい気持ちへの対処行動という意味があり、自分

にとって必要なものなのです。ですから、大人の立場からそれをやめさせようとすると、子どもと対立する関係になってしまいます。不適切な行動としてではなく、「つらさと戦っている行為」であるというのは、子どもにとっても大人にとっても受け入れやすく、共有しやすいとらえ方だと思います。そのとらえ方を共有できると、子どもとの対立を避けることにつながります。

　本来、子どもが戦っているのは、親でも大人でもありません。自分のつらい気持ちなのです。**大人と子どもとが対立してしまうと、子どもはつらい気持ちだけではなく、大人とも戦わなければならなくなります。**そして、今まで以上に孤独に陥ってしまいます。

　そこで、**ひとまずは子どもと対立しない関係をつくる**ことが必要になります。そのために、「つらい気持ちと戦っているんだね」と伝えてみることが１つのスタートです。

30秒でできるかかわり ● ● ●

「あなたには味方が必要だよね」と伝える

　「つらい気持ちと戦っている」というとらえ方が、少し伝わったと感じる状況があれば、子どもに**「あなたには味方が必要だよね」と伝える**ことをおすすめします。

　どんな戦いでも味方は必要です。そこで、味方が必要だとい

うことを子どもと共有し、大人自身が子どもの味方になる姿勢を示すことも大切だと思います。そこで、「あなたには味方が必要だよね」と伝えた後には、**「お母さんは、いつでもあなたの味方だよ」などと、自分が味方であることを直接的に伝えるのも本当に重要なこと**だと思います。

　子どもからは、「味方なんかいない」「お母さんは、味方になってくれてないでしょ！」などと否定的な反応が返ってくるかもしれませんが、それは良い反応です。味方が必要だという視点が共有されていることがわかるからです。「じゃあ、余計に味方が必要だよね」と返すこともできます。

　ところで、つらい気持ちとの戦いは、勝つことがゴールではありません。最終的には、**つらい気持ちと共存することがゴールです。つらい気持ちが生じても、それを受け入れつつ上手に対処して、振り回されずに日々を過ごせることがゴール**です。

　それを孤独の中で達成するのは、どんな人にとっても難しいことです。身近に自分の味方がいてくれて、つらい気持ちをわかってくれるからこそ、つらい気持ちと共存しながら日々を過ごせるようになると思います。だからこそ、大人は、孤独につらい気持ちと戦っている子どもの味方になることが求められます。

　もちろん、大人にも味方が必要です。**大人も自分だけで今の状況に対処するのではなく、スクールカウンセラーなどの専門家の助けを得ることも大切**だと思います。

「何がつらくさせてるのかなあ？」と聞いてみる

　もし、子どもともう少しかかわりをもてる機会があれば、自傷行為や過量服薬という行為にではなく、その背景となっているつらさの原因に目を向けてみることも良い方法です。

　「何がつらくさせてるのかなあ？」とか、「何があなたを苦しめてるの？」などと聞いてみます。

　そのとき、「何がつらいの（苦しいの）？」とは聞きません。その聞き方では、本人の中につらさの原因があるような印象を与えます。子どもは、自分が責められていると感じるかもしれません。「何がつらくさせてるのかなあ？」という聞き方は、本人の外につらくさせているものがあって、それを一緒に考えるという姿勢になることができます。味方として協力する関係を保ちやすいと思われます。

　こういう聞き方をしても、「わからない」「知らない」などと拒否的な反応が返ってくる可能性があります。それでも、こういった質問をすることには意味があります。「何が私をつらくさせているのだろう？」と子どもが一瞬でも考えることがあれば、つらさの原因を自分の外へ取り出して眺める姿勢をもったことになります。答えよりも、その姿勢を保つことが大切です。もう一度「何がつらくさせてるんだろうねぇ…」などと、投げ

かけておけるとよいのではないかと思います。

　また、「お母さんがうるさいんだよ」などと、投げかけた大人に向かって非難するような反応があるかもしれません。言われた側はつらいものがあります。ただ、そう言われることにも良い面があります。子どもが、はっきりと自分のつらさを言葉でぶつけてきたわけです。適切な対処とは言えない面もありますが、**孤独の中で自傷行為や過量服薬という自分を傷つける行動をするよりははるかに良い方法**だと言えます。

　そうは言っても、子どもが自分のつらさをぶつけてきたら、大人も傷ついたりつらくなったりするのは自然です。大人自身もサポートされる必要があります。つらい気持ちを抱えながらかかわるのではなく、大人が専門家のサポートを得ることをおすすめします。**大人へのサポートは、子どもを中心に味方がつながっていくサポートの最初の一歩**になると思います。

> ### ポイント ● ● ●
>
> 　自傷行為や過量服薬は、やめさせようとするよりも、子どもの味方となって、一緒につらい気持ちに対処できるように促していくことが大切です。まずは、「つらい気持ちと戦っているんだね」と投げかけ、「あなたには味方が必要だよね」と伝えることです。そして、つらさの背景に一緒に対処することを目指して「何がつらくさせてるのかなあ？」と聞いてみることがおすすめです。

Part 3

理論編
「かかわり方の工夫」の
背景を理解する

ここ Part 3 では、Part 1、Part 2 でお伝えした「かかわり方の工夫」の背景になっている考え方について解説していこうと思います。理論編と銘打っていますが、やさしく具体的に解説していきますので、お付き合いください。

「2×2の表」で学校への肯定的な気持ちと否定的な気持ちの表れ方に注目する

　近頃では、不登校や登校しぶりについては、ゆっくり休ませたほうがよいという考え方も広まってきました。無理を重ねて学校へ行く必要はないというのは、多くの人の共通した考えだと思います。

　一方で、ずっと休んでばかりではなく、少しだけでも学校へ行けたほうがよいという考え方も根強いと思います。そのため学校へ「行くか、行かないか」ということを考え始めると、大人も子どももどうしても迷いが深くなってきます。

　「行くか、行かないか」よりも、「どんな方向へ進んでいくのがよいか」を考えることが大切ではないかと、私は思います。

　まず、学校への肯定的な気持ちと否定的な気持ちの表れ方に注目して考えてみましょう。

学校についての相反する気持ち

　学校に行きづらい子どもたちは、「明日は学校に行く」など

と親や先生に話すことがあると思います。また、欠席したとき
に親や先生から「明日は学校へ行こうね」と子どもに話して、
子どもがうなずくというようなやりとりもあるのではないでし
ょうか。

　しかし、「明日は行く」と言ったにもかかわらず、翌日にな
ると子どもは学校に行けないことがほとんどだと思います。言
葉で肯定的な反応が出ても、行動では否定的な反応が出ている
ととらえることができます。

　学校に行きづらい子どもたちは、学校に対して2つの相反す
る気持ちを強くもっています。つまり、**「学校に行かなければ
ならない」「学校に行きたい」という登校への肯定的な気持ちと、
「学校に行きたくない」「学校がイヤだ」という登校への否定的な
気持ちの2つをもっている**のです。

　「明日は行く」と言うというのは、言葉に登校への肯定的な
気持ちが表れているということです。登校しないという行動が
出るということは、行動に登校への否定的な気持ちが表れてい
ると言えます。2つの相反する気持ちが言葉と行動に分かれて
表れているわけですので、ある意味では、きちんとバランスが
とれているのです。

「2×2」の表から考える

　2つの気持ちがあるというのは、学校に行きづらい子どもた
ちに限らず、どんな人でも、どんな場面でも生じるごく普通の
ことです。例えば、大人でも仕事へ行くときには、「行かなけ

ればならない」という気持ちと「行きたくない」という気持ち
の2つがあると思います。

　そして、ほとんどの大人は、「あー仕事、イヤだなぁ」など
と言いながら、仕事に行くのです。言葉に否定的な気持ちが表
れていて、行動に肯定的な気持ちが表れていると言えます。言
葉と行動の関係が、学校に行きづらい子どもたちと正反対の状
態になっています。

　ここで肯定的・否定的という2つの側面と言葉と行動という
2つの側面を「2×2」の表にまとめてみます。不登校や登校
しぶりの状況は表の左下Ⓒの枠に当てはまります。また、「仕
事、イヤだなぁ」と言いながら仕事に行く大人は、表の右上Ⓑ
の枠に当てはまります。では、どの枠の状態になることを目指
すとよいのでしょうか。

　左上Ⓐの枠の状態は、言葉も行動も肯定的ですので、一見理
想的な状態に見えます。しかし、人間は複雑な存在です。相反

2×2の表

		言　葉	
		肯定的	否定的
行動	肯定的	Ⓐ「学校へ行く」と言って、学校へ行く。	Ⓑ「学校へ行きたくない」と言いながら、学校へ行く。
行動	否定的	Ⓒ「学校へ行く」と言うが、学校へは行かない（行けない）。	Ⓓ「学校へ行かない」と言って、学校へ行かない。

する気持ちをもつのはきわめて自然なことです。そのため、言葉も行動も肯定的という左上Ⓐの枠の状態は、特別に理想的な例外と考えるとよいでしょう。

実は、「仕事、イヤだなぁ」と言いながら仕事へ通う大人のように、**言葉に否定的な気持ちが表れ、行動に肯定的な気持ちが表れているのが理想的**だと私は考えています（右上Ⓑの枠）。イヤな気持ちを抱えながらも、それに振り回されずに行動できているととらえることができるので、この状態を目指すのがよいと思います。

まずは学校への否定的な気持ちを
言葉で表現できるよう促す

その状態にもっていくには、**ひとまず右下Ⓓの枠の状態になることが必要**です。左下Ⓒの枠から右上Ⓑの枠の状態に変化するには、行動は肯定的に、言葉は否定的に変化することになります。どんなことでも一度に２つ以上のことを変えるのは難しいものです。できるところから少しずつ変化することを目指すほうがよいと思います。

そのため、ひとまずは、言葉に否定的な気持ちが表れるようになることが大切だといえます。つまり、**「学校に行きたくない」「学校はイヤだ」「学校は嫌い」「学校がつらい」などと言えるようになることが重要**なのです。

本書のPart 2 場面1「朝、子どもが学校に行けそうにない状況でのかかわり」の【10秒でできるかかわり】として提案し

た、「子どもの感情を言葉で表現して伝え、反応を観察する」という方法は、このことを目指しているのです。学校に行こうとして動けなくなっている状況で、「学校ってつらいよね」と声をかけることで、学校に対する否定的な気持ちを子どもが自分から言葉で表現することを促しているのです。

そして、「学校がイヤだ」「学校はつらい」などと言って学校に行かない状態（表の右下Ｄの枠）になったら、それは非常に素晴らしい変化です。その後、学校のどんなところがイヤだったり、つらかったりするのかについて、もっと具体的かつ詳細に子どもから話を聴くことが大切です。**子ども自身が自分の感じている学校への否定的な気持ちを自分なりの言葉として表現できるようになると最高によい**と思います。

Part 2　場面3「学校以外のことは話せても、学校のことには触れられない場合」では、学校のことについて触れられる機会を工夫するかかわり方として、【10秒でできるかかわり】で「学校の配付物を見えるところに置いておき、本人に伝える」、

【30秒でできるかかわり】で「『学校のことを聞いていい？』と質問する」、【3分でできるかかわり】で「親自身の子ども時代の話をする」という方法をお伝えしました。

　学校のことについて触れることができるようになれば、少しずつ学校への否定的な気持ちも言葉として表現されるようになると考えられます。「学校がイヤだ」「学校がつらい」などと言うようになるかもしれません。それは、言葉に否定的な気持ちが表れていて、行動にも否定的な気持ちが表れている状態です。右下Ⓓの枠の状態だと考えられます。

　多くの大人にとっては、子どもが「学校はつらい」「学校はイヤだ」などと言いながら学校に行かないという状態は、先が見えないような気持ちになるかもしれません。しかし、前述したように、どんな人でもどんな場合でも、人は相反する気持ちをもっているものです。言葉にも行動にも否定的な気持ちしか表れていないとしても、その背景には肯定的な気持ちが隠れていると考えられます。

　言葉に否定的な気持ちが表れるようになってくるにしたがって、行動に肯定的な気持ちが表れるようになってくるケースを、私はたくさん見てきました。

否定的な気持ちを聞く意味

　また、こんなふうに子どもの否定的な気持ちを聞くことができるようになれば、**どのような気持ちがどのような場面で生じてくるのかを、具体的に詳しく知ることができるようになりま**

す。単に「学校がつらい」「学校がイヤだ」というのではなく、「学校の××がイヤだ」「学校が○○で…」などと具体的に話してくれると、つらいことやイヤなことが具体的にわかります。

　そうすれば、具体的な対処方法や解決策を考えることもできるのです。それをもとにして、学校への否定的な気持ちをもちつつ学校へ行けるようになるかもしれません。

　ところで、学校への否定的な気持ちを詳しく聞くことができると、学校でいじめの被害を受けていて苦しいことや授業についていけなくてつらいことがわかるかもしれません。その場合、学校で起きていることが、子どもの大きな負担になっていると言えます。その他の場合でも、否定的な気持ちが、子どもがとても耐えられないほど非常に大きいとわかることもあります。

　こういった場合、否定的な気持ちをもちつつ学校へ行くことは、子どもの心理的なダメージを深めてしまう危険性があります。ですから、学校へ行くという行動を促すのではなく、**学校へ行かないことが現実的な選択になる**と思います。

　そして、いじめなどの大きな問題や、その子どもが耐えられないほどの苦痛が生じる状況を改善することが必要になると考えられます。

　いずれにしても、否定的な気持ちが言葉として表現されるからこそ、大人が子どもの大変さを理解できるのです。そして、**それに応じて学校へ行けるように工夫することも、学校へ行かないという選択をすることも、できる**のです。

子どもが「〜しない」 という状況でのサポート

学校に行きづらい子どもたちの大変さは、非常に多くの場面で「〜しない」という形で現れてきます。「登校しない」だけではなく、「外出しない」「人に会わない」「夜寝ない」など、さまざまな「〜しない」ということが生じてきます。

そのため、「〜しない」ことへのかかわり方を工夫することが、学校に行きづらい子どもたちをサポートすることにつながるのです。

「〜させようとする」のではなく、「〜について話す」

一般的に、子どもが「〜しない」という状態では、大人は「〜させようとする」ことがほとんどです。しかし、「〜させようとする」かかわり方は、拒否や反発を招きやすいのです。そのため、子どもの「〜しない」という状態を強めてしまいます。大人がさらに「〜させようとする」働きかけをすると、子どもはかたくなに「〜しない」という悪循環に陥ってしまいます。

そこで、「〜させようとする」代わりに、「〜について話す」というかかわりを行うことが1つのアイディアとなります。単純ですが「登校させようとする」代わりに、「登校について話す」というかかわり方を行うのです。

しかし、「～させようとする」働きかけをずっと続けてきた場合、親は登校させようと思わずに声かけをしても、子どもから見ると「親は自分を登校させようとしている」という文脈ができています。子どもは「（親は）学校へ行かせようとしている」という受け止め方をしがちなのです。

　そのため、「～について話す」というかかわり方をする場合でも、「～させようとする」という雰囲気を極力少なくした言葉かけが必要になります。

　例えば、Part 2　場面 2 では、「朝の子どもの起こし方」について提案しました。朝起こすことは、子どもにとっては「登校させようとしている」という受け止め方につながりやすいと思います。そこで、朝起こすときには、起床と登校を切り離すというかかわり方を提案しました。そして、その上で、朝の起こし方を決めて子どもに伝えるという方法も紹介しました。

　このような工夫を通して、「～について話す」という関係が親と子どもの間にできると良い流れだと思います。この関係は、ある事柄について一緒に考えて、一緒に話すという関係で、私は「ともに眺める関係」と呼んでいます。朝の起こし方・起き方について、ともに眺めて話し合うのです。

　こういったことを通して、ともに眺める関係が安定してきます。それを基盤として親と子どもが協力する関係をもつことができます。大人主導ではなく、大人と子どもが協力しながら事態に対処することができるのです。そうした関係が、子どもの成長をサポートします。

小さく待つ

　一般に、子育てでは「待つこと」が大切だと言われています。大人はついつい、あれもこれも期待してしまって先回りしがちです。でも、それでは子どもの主体性や自主性が育ちにくくなってしまいます。

　学校に行きづらい子どもたちへのかかわりでも同じです。子どもは「〜しない」という状況の場合が多いので、大人主導で働きかけがちです。しかし、必ずしも大人主導は良い変化につながりません。**子どもが自分から動き出すのを待つことが大切**なのです。

　特に、不登校の子どもたちは"サナギ"の状態だと、よくたとえられています。サナギから蝶を無理に羽化させることはできないため、待つことが大切だと強調されてきました。

　一方で学校は、一人一人の子どものペースとはかかわりなくスケジュールが進んでいきます。例えば行事では、子ども自身が考えて決めなければならないことがいろいろとあるものです。しかし、「〜しない」という状態にある子どももいることでしょう。そうした子どもの動きを単純に待っていては、学校の行事は動きません。そのため、学校では子どもに「〜するように」働きかけざるを得ないこともあるのです。

　こんなふうに、**学校に行きづらい子の身近にいる大人は、待つことと働きかけることの間で、板挟み状態になっていることが多い**と思います。そのことが、大人にとっては大きなストレス

になってしまいがちです。

　そこで、「じっくり待つ」ことよりも、「小さく待つ」ことをおすすめしたいと思います。**「小さく働きかけて、小さく待つ」**のです。

　例えば、Part 2　場面 1 の「朝、子どもが学校に行けそうにない状況でのかかわり」では、小さなきっかけとなる働きかけを提案しました。その小さな働きかけへの、子どもの反応を待ち、それに応えるという方法です。

　また、Part 2　場面 3 の「学校以外のことは話せても、学校のことには触れられない場合」では、親の子ども時代の話をすることを提案しました。親の子ども時代のことは、子どもにとっては自分自身のことではありませんが、自分のことを考えるきっかけになる可能性があります。これも、小さく働きかけて、小さく待つ方法だと言えます。

　実は、“小さく” 働きかけるという言葉には、子どもが無視したり拒否したりしやすいという意味を込めています。大きな働きかけは、無視できませんし、拒否するのも大変です。**小さな働きかけだからこそ、子どもは無視したり拒否したりしやすい**のです。そのため、子どもの心理的な負担になりにくいと考えられます。**大人にとっても、無視や拒否してもらいやすいからこそ、失敗を恐れず働きかけることができる**のです。こういったことから、「小さく働きかけて、小さく待つ」ことをおすすめします。

　人は本当に自由な状況では自分から行動することは非常に難

しいものです。仕事でも期限があるからこそ、それをきっかけとして頑張ることができます。学校に行きづらい子どもたちも同じです。**まったく何もないよりは、小さな働きかけによってちょっとしたきっかけがあることが、良い変化につながりやすい**と思います。

感情の言語化を促す

　子どもが「〜しない」という背景には、不快な感情があって、それが影響して子どもは行動しにくくなっていると考えられます。そのため、行動ではなく、その不快な感情に働きかけることも、1つの方法だと言えます。本書でしばしばお伝えしてきた、感情の言語化という方法です。不快な感情が大人から理解され受け止められることによって、子どもの不快な感情が小さくなっていきます。それに伴って、行動も少しずつ変化する可能性があります。

　しかし、**子どもは自分から自分の感じている感情を表現することはあまり多くありません。**例えば、「学校に行きたくない」と言うことは多いかもしれませんが、「学校が怖い」などと感情を言葉で言うことは少ないのです。

　なお、感情とは、悲しい、悔しい、つらい、不安などの言葉で表現されます。「行きたくない」というのは、感情ではなく意思（考え）です。そこで、**表現されていない感情を大人がくみ取って、「学校のことを考えるだけで、怖くなっちゃうね」**などと言葉にして表現してみるのです。その際、温かく許容的な

雰囲気で言葉にすることが重要です。そういったかかわりを通して子どもも自分の感情とうまく付き合っていけるようになると考えられます。

　特に、Part 2　場面10の「自傷行為や過量服薬がわかったとき」で触れた自傷行為や過量服薬がある状況では、子どもは強い不快な感情に振り回されています。そういった場合ほど、行動に働きかけるよりも、背景にある感情を理解し受け止めることが大切だと言えます。

　また、特に大変な状況のときだけではなく、常日頃から子どもの感情を言語化しつつ受け止めることも大切です。

活動のバリエーションを広げる

　ここまで解説してきた工夫は、「～しない」という状況で、求められる行動とは少し違った側面から働きかけるという工夫です。一方、その行動以外の他のことはいろいろとできていることがたくさんあるのではないかと思います。

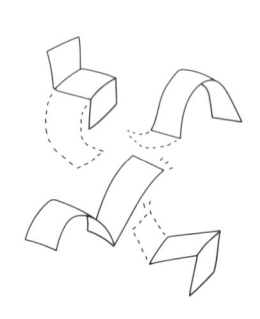

例えば、学校に行かない、外出もしないという状況でも、ゲームをやっている子どもは非常に多いと思います。他にも、マンガを読んだり、ペットの世話をしたり、ちょっとしたお手伝いもしているかもしれません。こんなふうに、子どもたちは意外と自分なりにいろいろな活動ができている可能性があります。

「〜しない」ことばかりに注目するのではなく、それとは関係のないことが幅広くできるよう「活動のバリエーションを広げる」ことも非常に大切です。今できていることを認めつつ、活動のバリエーションが増えていくようにサポートしていくのです。いろいろな活動の体験そのものが、子どもたちの成長につながります。

　また、活動していれば、その中で予期しなかった出来事や場面に遭遇するものです。そういったことが、次の変化につながっていくことがあります。だからこそ、活動のバリエーションを増やしていくことは大切なのです。

　活動のバリエーションを増やすことは、特定の場面だけではなく、いつでもどんな状況でも大切です。小さなことや取るに足りないことでも構いません。活動のバリエーションが増えるように働きかけることを大切にしていきましょう。

　その際には、ここで解説した、「〜について話す」ことや「小さく待つ」ことを通してかかわりをもつと良いと思います。そして、「感情の言語化」を通してサポートすることをおすすめします。

エピローグ

子ども自身の"自分"を育てる

　本書では、ここまでさまざまな視点から、わが子が学校に行きづらいとき、「見守る」だけでなく「どのようにかかわるか」について、具体的な工夫を紹介してきました。

　最後に、エピローグとして、かかわりの基盤となる**「子ども自身の"自分"を育てる」**という視点を、皆さんとともに確認して、本書の結びにしたいと思います。

＊

　子どもが学校へ行きづらい状況になると、保護者も本当に悩んでしまいます。しかし、その状況に直面しているのは、子ども自身です。子ども自身がどのように切り抜けたり対処したりできるのか、ということこそが重要なのです。大人は、そうした子どもの力を引き出したり脇でサポートするしかない立場です。

　そういう中で、**子ども自身の"自分"**というものがしっかり

してくることが何よりも大切です。"自分"がしっかりしてくれば、自然と動きが出てきますし、周囲もサポートしやすくなります。

　ところで、心理学的には「自我」や「自己」という重要な概念があります。また、日常的には「自分がある」「自分をもつ」という表現もあります。意味は少しずつ違いますが、"自分"というものが重要であることは間違いありません。

　ここでは日常的な感覚に基づいた"自分"というものが育つことを考えていきます。

子どもの話から考えてみる

　ご家庭で子ども（L君）から次のような話が出てきたときを想像してみてください。小学校の低学年から中学生くらいまで、こんな話が出てくることがあるのではないかと思います。

　教室で、いっつもM君がこっち見てにらんできたり、変な顔してきたり…。今日は、授業中に席まで来て、何も言わないで消しゴムを持っていっちゃって…。Nさんが見てて、「勝手に取ったらダメだよ」ってM君に注意してくれたら、返してきたんだけど、笑いながら「取ってないよー。貸してもらっただけだよ」とか言ってた。先生も見てたみたいなんだけど、特に注意はしないし、先生が注意してもダメだし…。

保護者の立場ではＬ君のような話を聞くと、子どもが直面している つらい状況に目が向いてしまうことが多いと思います。そして、「Ｍ君はひどいなぁ」と思って不安になったり、「Ｎさんがいてくれてよかった」と少し安心したり、「先生は何をやってるんだ！」と腹が立ったりするかもしれません。それは、保護者としてごく自然なことで、子どもを大切に思うからこそ感じる気持ちだと思います。

　でも、このような話を聞いたときに、保護者が周囲の人のかかわり方に一喜一憂してしまう理由はそれだけではありません。**Ｌ君の話の中には周囲の人々は登場しているのですが、Ｌ君自身が登場していない**からです。Ｍ君やＮさん、そして先生は登場して、何をしたのかがある程度わかります。しかし、Ｌ君自身が何をしたのか、何を考えたのか、どんな気持ちだったのかはまったく語られていないのです。だからこそ、**聞いている大人の頭の中では、周囲の人の様子に焦点が当たってしまうのです。**

　ところで、Ｌ君の話の主人公はＬ君自身です。そう考えると、Ｌ君の話は主人公が登場しない話なのです。違う言い方をすれば、Ｌ君の"自分"が見えてこないのです。

　保護者にとって一番大切なのは、わが子である主人公のＬ君です。他の登場人物はただの脇役のはずです。本当は、周囲の人のことよりも、主人公であるＬ君自身のことが一番気になるはずです。

　ここで、先ほどのＬ君の話の中にＬ君が登場するように補ってみます。

教室で、いっつもM君がこっち見てにらんできたり、変な顔してきたり…。僕は、そういうのは無視してるんだけど、今日は、授業中に席まで来て、何も言わないで消しゴムを持っていっちゃって…。イヤだったけど、後で何とかなるかなと思ってそのままにしてた。Nさんが見てて、「勝手に取ったらダメだよ」ってM君に注意してくれたら、返してきたんだけど、笑いながら「取ってないよー。貸してもらっただけだよ」とか言ってた。僕は、腹が立ったけど無視してた。先生も見てたみたいなんだけど、特に注意はしないし、先生が注意してもダメだし…。何か、すごくつらいし…。

　いかがでしょうか？　最後には、「何か、すごくつらいし…」と話してくれていて、L君のつらさが伝わってくるように感じます。そして、L君自身の姿が見えて、L君の“自分”がしっかりと伝わってくるようです。

　話している状況はまったく同じなのですが、**自分自身の気持ちや考え、行動が、言葉として表現されることによって、“自分”というものがしっかりと現れてくる**と考えられます。

　周囲の人や状況も大切ですが、その状況の中での気持ちや考え、行動の中に、子どもの“自分”が現れています。だからこそ、**子ども自身の気持ちや考え、行動に注目して、子どもが自分自身のことを語れるように促していくことが大切なのです。**そ

れが子どもの"自分"を育てていくことにつながると思います。

子どもに自分のことを話してもらう

　このように子どもに自分自身のことを語ってもらうのは非常に大切なことです。もちろん、"自分"がしっかりしているから言葉として語ることができるという側面があります。しかしその反対に、**自分のことを話しているうちに"自分"というものがしっかりしてくる**という面もあります。だからこそ、子どもの話の中に"自分"が登場して、"自分"について話せるように促していくのです。

　ところで、親としては、自分自身を子どもの立場に置いて考えることも自然です。また、子どもを大切に思うからこそ、周囲の人や状況に焦点が当たってしまいがちだと思います。**まずは、子どもの話の中に子ども自身が主人公として登場しているか**

どうかを意識します。そして、子ども自身が話の中に登場するように促していくのです。

例えば、「どんな気持ちだったの？」と気持ちを聞いてみることも1つの方法です。「（自分は）イライラしてた」などと答えてくれるかもしれません。

また、「腹が立つね」などと、直接的に感情を言葉にして言ってみるのも良い方法です。子どもの気持ちにピッタリだった場合には「そうなんだよ！」などと、強い反応が返ってきて、「（自分）本当に腹が立つんだよ」などと、自分の気持ちを明確に言ってくれる可能性もあります。ピッタリではない場合は、「（自分は）もうがっかりなんだよ」などと、自分の気持ちを言葉で表現してくれるかもしれません。その言葉には、子どもの"自分"が現れていると感じます。

考えや行動を聞いてみるのも良い方法です。「そのときは、どんなこと考えてたの？」と考えについて質問したり、「そのときは（その後は）、自分では何かやったりしたの？」と行動について質問するのも1つの方法です。子どもが自分の考えや行動について話してくれるかもしれません。

ただ、こういった方法をとっても、"自分"のことが語られないことも多いと思います。そんなときに私が非常によく使っている問いかけは、

「もしかして何か言ったり言い返したりした？」

というものです。やはり、多くの場合「言い返してない」などという返答があり、"自分"が現れてこないように思います。

その場合も、「そうだよね。無視するのも対応策としては、１つの良い方法だよね」と肯定的に返します。

そして、その後が大切です。

「実際は言い返してないし、もちろん言い返さなくていいけれど、もし言い返すとしたら何て言い返す？」
と聞きます。

すぐに答えは返ってこないこともありますが、こちらは、「えー、何て言い返すか、考えてみてよ」などと少し粘ります。少しでも、言い返す言葉が出てきたとしたら、それは子どもの"自分"が現れてきたものだと考えられます。

その言い返す言葉を良いか悪いかではなく"自分"が表現されたものとしてとらえて、「なるほどね」「確かにそれは大切だね」などと肯定的に受け止めたいと思います。

さらにその上で、そう言いたい背景（考えや感情）を聞いてみると、子どもの"自分"がより現れてくるように促すことができることでしょう。

小さなやりとりから"自分"を育てる

ここまで述べてきたような子どもと話し合う場面だけではなく、毎日のちょっとした会話の中でも、子どもの"自分"を育てるような言葉かけができるのではないかと思います。

例えば、スポーツが得意な子には、「頑張ってるね」とほめるだけではなく、「どんなプレーが一番好きなの？」と聞いてみることがおすすめです。

得意なことを聞くのではなく、好きなことを聞くのがポイントです。得意は上手下手のような他者との比較につながりがちで、「（得意なことは）特にない」などと、"自分"が表現されていない反応が出てきがちです。

　一方、好きなことは、自分自身の感覚とつながっています。自分の感じていることに目を向け、"自分"が現れてくるきっかけとなります。少しでも、好きなことが語られたら「ああ、そういうのが好きなんだねぇ」と、子ども本人の感覚を受け止めることが大切です。

　スポーツだけではなく、ゲームやマンガ、アニメ、歌や曲など、どんなものでも同じです。**「どの場面が」「どのフレーズが」**などと、具体的に聞くのがコツです。

　ぜひ、**いろいろな場面で、子どもの"自分"が現れてくるような声かけを工夫**していきたいものです。

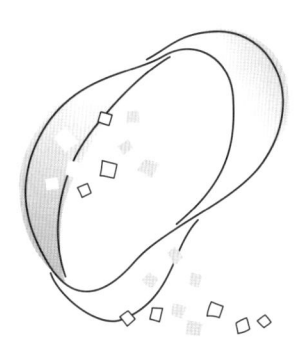

おわりに ● ● ● ● ●

　この本では、10の場面を設定して、家庭でできる子どもへの
サポートについて「小さな工夫」を紹介しました。

　具体的な状況を思い浮かべていただけるよう、それぞれの場
面を設定しています。特定の子どもや保護者について書いてい
るものではなく、誰にでも起こりうる場面になるよう作成した
ものです。「わが家でも同じようなことが起きている」「同じよ
うなことが起きるかもしれない」と感じた読者の方もいらした
ことと思います。場面そのものは違っていても、「ここで生じ
ている親子の関係は似通っている」と感じた読者の方もいらし
たかもしれません。

　ぜひ、ご自身の体験と重ね、ご家庭でどんなことが起きそう
か想像しながら本書を読んでみてください。そして、「できそ
うだ」「やってみたい」と思える「小さな工夫」をご活用いた
だけたらと思います。小さな変化が、次の良い変化につながっ
て、いつの間にか大きな良い変化が生じているような、そんな
第一歩になることを願っています。

　ところで、文部科学省の統計によれば、不登校の児童生徒数
は令和５年度には34万6482人となりました。11年連続で増加
し、過去最多となったそうです。これほどまでの数の子どもが

不登校となっているということは、不登校は子ども個人や保護者、あるいは家庭の問題ではなく、学校や教育の仕組み、社会のあり方の問題だと思います。

そう考えると、不登校の子どもたちが安心して学び成長できる環境や仕組みを、まずは社会が整えるべきなのではないでしょうか。本当はこの本で紹介したようなかかわりをしなくても、不登校や学校に行きづらい子どもたちが無理なく自然に学んで成長できる、そんな社会が実現されることのほうが大切だと思うのです。

実際、ここ数年、社会や学校は少しずつ変わろうとし始めているように見えます。ただ、そのスピードはゆっくりしたもので、まだまだ十分とは言えません。今後も社会や学校の変化がさらに進んでいくことを本当に強く願っています。子どもたちが小さく動き始めるのを大人が小さく待つことができる、感情が自然と受け止められる、みんながリラックスできる……。社会や学校がそのように変化していくことこそ、大人も子どもも待ち望んでいる変化ではないかと思います。

そしてこの本が、そういった小さな変化につながることに貢献できたらうれしいです。それが次の小さな変化につながり、またさらに次の小さな良い変化につながっていくことを想像しています。読者の皆さんのまわりでも、そのような良い変化がつながっていくことを願っています。

2025年3月

半田一郎

〈著者紹介〉

半田 一郎（はんだ いちろう）

守谷カウンセリング・リソースポート代表

茨城県公立学校スクールカウンセラー

学校心理士スーパーバイザー　臨床心理士　公認心理師

　1969年、高知県生まれ。1995年より現在まで約70校の学校でスクールカウンセラーとして勤務してきました。2018年からは自分のカウンセリングルームでもカウンセリングを行っています。それらの活動の中で、数多くの保護者の方の話を聴きながら、子どもたちへのサポートについて一緒に考えてきました。「チャンスがあればできそう」と保護者が思える「小さな工夫」を、一緒に見つけることが大切だと感じています。

【おもな著書】

『一瞬で良い変化を起こす　10秒・30秒・3分カウンセリング―すべての教師とスクールカウンセラーのために』ほんの森出版、2017年

『一瞬で良い変化を起こす　カウンセリングの“小さな工夫”ベスト50―すべての教師とスクールカウンセラーのために』ほんの森出版、2019年

『スクールカウンセラーと教師のための「チーム学校」入門』日本評論社、2020年（編著）

『子どものSOSの聴き方・受け止め方』金子書房、2023年

不登校「見守る」だけで大丈夫？
家庭でできる10秒・30秒・3分カウンセリング

2025年4月10日　初　版　発行

著　者　半田一郎
発行人　小林敏史
発行所　ほんの森出版株式会社
〒145-0062　東京都大田区北千束3-16-11
TEL 03-5754-3346　FAX 03-5918-8146
https://www.honnomori.co.jp

印刷・製本所　研友社印刷株式会社